子どもと作戦会議

CO-OP コアアップ

アプローチ入門
TM

塩津裕康 著
Hiroyasu Shiozu
作業療法士 ／ 認定CO-OP
インストラクター・セラピスト

クリエイツかもがわ
CREATES KAMOGAWA

PROLOGUE
CO-OP approach™とは？

> 子どもが作戦の発見と使用を通じて
> スキル習得を実現する
> 子どもを中心とした問題解決アプローチ

　朝起きて、着替え、朝食、歯磨き、登校、友達と会話、読書、文字を書く、パソコンを使う、ゲーム、虫取り、釣り……子どもの日々の生活は、さまざまな作業遂行[注1]の連続で成り立っています。幼少期から子どもが、これらの作業遂行を満足いくように行えることが、子どものさまざまな発達に重要であり、その先に「よりよい生活・人生」が実現するでしょう。しかし、すべての子どもがすべての作業遂行を簡単に行えるわけではありません。たとえば、運動が上手に行えない、習得するのに多大な労力と時間が必要な子どもにとっては、多くの苦労を経験します。場合によっては、その作業遂行をあきらめてしまうこともあります。

　本書で紹介する**CO-OP approach™（コアップ・アプローチ）**[1)注2]は、そういった子どもの作業遂行を改善するために開発されたアプローチです。その方法は、**作業遂行の問題に対して、子ども自身で解決法を発見することで、スキルを身につけていくアプローチ**です。大人は考え方（問題解決の枠組み）を教えますが、スキルを手取り足取り教えるようなこ

注1　作業遂行（Occupational performance）とは、子どもにとって大切な日常活動を選択・実行することです。これは、作業療法士が用いる言葉です。

注2　CO-OP（コアップ）：Cognitive Orientation to daily Occupational Performance の略

とはしません。子どもに効果的な質問をすることで、解決法の発見を導く関わりを行います。

　子どもが問題解決方法を身につけることにより、地域・家庭・幼稚園・保育園・学校・療育センターなど、さまざまな文脈（作業遂行の状況や環境）において、習得したスキルを発揮することができます。それだけでなく、別の課題の問題解決にも応用していけます。つまり、**持続可能性のある効果が得られます。**

　また、CO-OP は現代科学の進歩の上に考案されており、数多くのエビデンス[注3]が報告[2-5]されています。もともと、運動が不器用な子ども（DCD：発達性協調運動症）に対するアプローチとして開発され、効果が認められてきました。しかし現在では、自閉スペクトラム症や運動麻痺がある子ども（脳性麻痺児）などでも効果が認められています。最近では脳卒中を発症した人や軽度認知症の人まで、CO-OP の実践、応用は拡大しています。当然、特別な診断がついていない子どもにも十分活用することができ、より多くの子どもたちに届けるために本書を書きました。

注3　エビデンス（Evidence）とは、研究によって実証された事実を意味します。さまざまなアプローチは研究によってその効果が検証され、臨床疫学の視点からその質が整理されます。

　CO-OPを実施する上で重要となる、「**３つの中心概念**」（図1）があります。これについて説明しておきます。

問題解決

〔認知ストラテジー〕
・問題解決の枠組み
・子どもオリジナルの
　作戦

目標とした活動の練習

〔作業遂行〕
・身辺処理
・教育
・遊び
・休息／睡眠
・社会参加

子ども中心

図1　CO-OPの中心概念

1 子ども中心

　CO-OPは、**子ども中心の哲学に基づいています**。子ども中心の哲学とは、大人が子どもに教えるのではなく、子どもが積極的に学習機会に参加し、子どもの視点が尊重され、子どもの目標が最優先されるということです。

　CO-OPでは、子どもにとって重要な目標を特定するところから始まり、その目標が達成されるように大人がサポートしていきます。

② 遂行ベース：目標とした活動の練習

CO-OPの目的は「スキル習得」です。子どもが目標とする活動のスキルを習得することに焦点をあてています。そのため、何か特殊なトレーニングを行って、筋力、バランス、手先の細かな運動などの機能を向上させようと取り組むのではなく、**目標とした活動を練習します**。

③ 子ども自身で問題解決

CO-OPでは、**子ども自身で問題解決することを重視します**。子どもが問題解決の枠組み（Goal-Plan-Do-Check）を使用することで、効果的なストラテジー注4を発見し、それを用いて練習することで、スキルを習得することを重視します。

子どもの生きるチカラを育むために

2030年には、より"VUCA"な時代となることが予測されています。VUCAとは、変化のしやすさ（Volatile）、不確実さ（Uncertain）、複雑さ（Complex）、曖昧さ（Ambiguous）、を略した言葉です。より予測困難で不確実、複雑で曖昧となる世界に向けて、必要となる子どもたちの生きるチカラとは何なのでしょうか……そして、生きるチカラを育むためにはどんな方法があるのでしょうか……。

たとえば、OECD（経済協力開発機構）注5が、2015年から"OECDエデュ

注4　ストラテジー（Strategy）とは、目標を達成するために使用される行動計画です。「戦略」や「方略」などと訳されることもあります。

ケーション2030プロジェクト"注6を進めています。そこでは、「個人および社会全体の2030年におけるウェルビーイング」を目標に掲げ、それを実現するために「ラーニング・コンパス：学びの羅針盤」6)を作成しています。なぜ「コンパス」なのかというと、この不確実な世の中で満足のいく人生を送るためには、子どもがウェルビーイングの実現に向けて、自身をナビゲートするように学ぶことが必要であるからです。このラーニング・コンパスにおける、子どもに必要な生きるチカラを「知識」「スキル」「態度および価値観」の3つの構成要素にまとめています。

　この3つの構成要素を聞いて思い出されるのが、日本の学習指導要領7)が設定している資質・能力の3つの柱です。それは、「知識および技能」「思考力、判断力、表現力等」「学び合う力、人間性等」であり、ラーニング・コンパスと多くの共通点がみられます。また、現在の学習指導要領では、主体的・対話的で深い学びの視点から授業改善を行う、「アクティブ・ラーニング」が重要視されています。このような時代背景は、日本および世界において、子どもたちに「何かを教える」ことにとどまらず、**「目標志向的に、主体的に問題解決しながら行動していくチカラ」**が重要視されているといえます。これは、子どものレジリエンス（たくましさ）にもつながるものでしょう。ただ、OECD エデュケーション 2030プロジェクトは2019年に第一期（4年）を終えていますが、学習指導要領は2020年度から小学校で全面実施が開始されたばかりです。今後さらに、子どもの生きるチカラを育む実践を進めていく必要があります。

　このような時代背景において、CO-OP は子どもたちの生きるチカラ

注5　OECD（経済協力開発機構）：Organisation for Economic Cooperation and Development
注6　OECD エデュケーション2030プロジェクト：OECD Future of Education and Skills 2030

を育む一助となるのではないかと考えています。実際に、CO-OPは作業療法士によって開発され、作業療法実践の中で用いられてきましたが、**教師や保護者が用いても利点がある**ことがわかっています。本書を通じて、さまざまな方にCO-OPの効果を知っていただき、より多くの子どもに還元できればと思っています。

● 本書の活用方法

　本書は、CO-OPの入門書として発行しました。子どもに関わるさまざまな大人が実践できるように工夫しています。

　Part 1では、本書のタイトルのようにストーリー仕立てで、CO-OP全体のイメージをつかめるようにしました。その上で、Part 2 CO-OPの道具箱を読み進めることにより、CO-OPの具体的な特徴を把握し、理解度が高まることをめざしています。実践を重ねていく中で、うまくいかないことやもっとCO-OPについて知りたいことも出てくると考え、Part 3 CO-OP Q&Aを設けました。そして、Part 4では、5名のCO-OP実践を紹介します。

　最後に、CO-OP実践を取り組みやすくするために、Part 5 CO-OP作戦図鑑と付録 CO-OPマップ、GPDCシート、PQRSシート、日常の活動記録表を作成しまた。また、CO-OPのキーワード（略語説明）のしおりも挟み込みました。ぜひ、あわせてご活用ください。

付録のダウンロードはこちらから
https://www.hanetama.net/co-op

〔引用文献〕

1) Polatajko HJ, Mandich A: Enabling occupation in children: The Cognitive Orientation to daily Occupational Performance (CO-OP) approach. ON: CAOT Publications ACE, Ottawa, 2004.

2) Blank R, Barnett A, Cairney J, Green D, Kirby A, et al.: International clinical practice recommendations on the definition, diagnosis, assessment, intervention, and psychosocial aspects of developmental coordination disorder. *Dev Med Child Neurol*, 61(3): 242-285, 2019.

3) Novak I, Honan I: Effectiveness of paediatric occupational therapy for children with disabilities: a systematic review. *Aust Occup Ther* J, 66(3): 258-273, 2019.

4) Novak I, Morgan C, Fahey M, Finch-Edmondson M, Galea C, et al.: State of the Evidence Traffic Lights 2019: Systematic Review of Interventions for Preventing and Treating Children with Cerebral Palsy. *Curr Neurol Neurosci Rep*, 1-21, 2020.

5) Cahill SM, Beisbier S: Occupational therapy practice guidelines for children and youth ages 5-21 years. *Am J Occup Ther*, 74(40): 1-48, 2020.

6) OECD: OECE Learning compass concept notes. 2019 (http://www.oecd.org/education/2030-project/contact/)

7) 中央教育審議会：幼稚園、小学校、中学校、高等学校及び特別支援学校の学習指導要領等の改善及び必要な方策等について（答申），2016.

Dr. ポラタイコからのメッセージ

日本の読者のみなさまへ

　この度、塩津裕康さんが日本語で書かれた CO-OP アプローチの素晴らしい本をご紹介できることを大変嬉しく思います。この本で塩津さんは、作業療法士、教諭、家族が CO-OP アプローチについて学び、遂行の問題を抱える日本の子どもや成人を助ける可能性を広げることを意図しており、CO-OP アプローチについて詳しく説明しています。

　それは、CO-OP の 4 つの目的とその目的を達成するための 7 つの重要な特徴について詳細に説明しており、このアプローチがどのように役立つかをしっかりと理解することができます。また、CO-OP の理論的基盤、開発のステップ、効果を検証するための研究など、CO-OP の背景となる重要な情報を Q&A 形式で紹介しています。

　この本を執筆された目的は、臨床家がこのアプローチを使用し、子どもたちを成功に導くことをサポートすることです！

　塩津さんが CO-OP の本を日本向けに書いてくださったことを、とても光栄に思います。なぜなら、CO-OP のような個別性が高く、遂行に焦点をあてた介入は、それぞれの実践状況に合わせる必要があるからです。CO-OP の場合、個人の目標を達成するための個別のストラテジーを見出すために、ガイドされた発見を用いる子ども中心のアプローチであり、この点が非常に重要です！　CO-OP アプローチを開発するにあたり、遂行の問題を解決するには、子ども自身の目標に焦点をあてなければならないことがすぐに明らかになりました。

子どもが「できた！」の経験を得られようにすることが、このアプローチを開発する上で私の原動力となりました。

　研究者として、神経発達学の理論からDCD（発達性協調運動症）の子どもたちを研究していた私は、セラピー効果を示すことができない研究を次々と目の当たりにしてきました。多くの場合、数か月におよぶセラピーを終えた子どもたちほとんどがなんの成果も得られず、実世界での遂行を向上させることもできませんでした。しかし、私は臨床家として、知的にハンディキャップがある子どもたちに学習理論を用いて実践しており、そこでは子どもたちが短時間で大きく成長するのを何度も目の当たりにしました。

　そこで、私は学生たちの協力を得て、学習理論に基づいた、「できた！」を可能にすることに焦点をあてた介入方法の開発に着手しました。私と学生は、子どもたちが何度も失敗し、そして「できないのは自分のせいだ……」と感じ、子どもたちから自己効力感を奪っているのも見てきました。

　私たちは、子どもたちがセラピーを終えた後に、子どもにとって大切なことを子どもの世界で実現できるようになるようなアプローチを開発し、「できた！」を可能にしたいと考えました。私たちは子どもたちの認知能力を活用して遂行の問題を解決する、子ども中心の遂行を基盤としたアプローチを開発・検証し、CO-OPを開発しました。

　CO-OPアプローチにおいて、子どもたちがスキルを学習することだけでなく、子どもたちが失敗を「作戦に何か問題があるんだ！」と考え、作戦を変更できたことが重要であることを発見しました。同僚の勧めで、DCD以外の子どもたちや、さまざまな症状をもつ成人にもこのアプローチを試したところ、同じことが起こりました。

初期のCO-OP実践から示し続けているエビデンスは、学習理論に基づき遂行に焦点をあてて活動することで、子どもが目標を達成し、セラピーで学んだことを自分の実世界に般化と転移することができるということを明らかに示しています！　CO-OPの実践は、クライエントの状況に合わせた個別のアプローチが重要であることを明確に示しています。

　言い換えれば、CO-OPの実践は、日本の状況に合わせて書かれたCO-OPの本の重要性を示しています！　塩津さんがこの本をつくるというビジョンをもち、それを見事に成し遂げたことを祝福します！

感謝の気持ちを込めて

ヘレン　ポラタイコ

H.J. Polatajko, PhD, OT Reg. (Ont.), OT(C), FCAOT, FCAHS
Occupationologist
トロント大学 神経科学プログラム、リハビリテーション科学部
作業科学・作業療法学科、名誉教授
共同代表者｜ICAN（前CO-OPアカデミー）｜#icancoop｜
www.icancoop.org

CONTENTS

Part ③　CO-OP Q&A　　67

Part **1**

CO-OP
ストーリー

Cognitive Orientation to daily
Occupational Performance

CO-OP ストーリーガイド

CO-OP は 7 つの特徴から成り立っており、これを実践で使えるように
したのが、**CO-OP** マップです。

この Part では、ストーリーにそって 7 つの特徴を紹介していきます。

（CO-OP マップは右上の QR コードからダウンロードできます）

1 episode

子どもが選んだ目標

「○○したいから
はじめよう！」

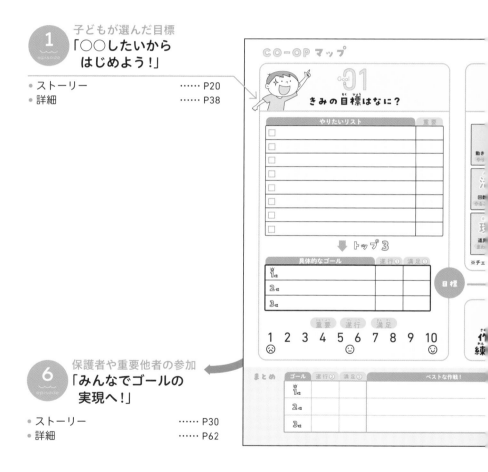

6 episode

保護者や重要他者の参加

「みんなでゴールの
実現へ！」

CO-OP マップ
ダウンロード

Check **04**

どの作戦がよかった？

つかう？

		作戦リスト	チェック	作戦リスト	チェック

入くください

作戦　ぐるぐる　確認　　　　ゴール

練習

☑ 作戦は言葉にしよう！（心の声でも OK！）
☑ 作戦は１つずつ試そう！
☑ １つの作戦で２〜３回練習してみようね！

戦！ どこで使える !?

戦！ 他に活かせる !?

(C) 塩津裕康『子どもと作戦会議 CO-OP アプローチ入門』(2021 クリエイツかもがわ)

〈注意事項〉
CO-OP マップを現場で使う前に、よく本書をお読みいただき、実践でご使用ください。

小４のヒロくんは、運動が得意ではありません。
それでも、ヒロくんにしたいことを尋ねてみると
「僕も二重跳びができるようになりたい！」
という大切な目標があったのです。
CO-OPは、〇〇がしたいからはじまります…。

CO-OPは子どもが主人公です。子どもの「やりたい」を上手に引き出しましょう。ここでは、CO-OPマップを使い、子どもと話し合うことから始め、「やりたいリスト」に記入していきましょう。「重要度」について採点することで、上位3つを目標に設定することができます。また、「遂行度」「満足度」を採点することで、子どもが現状について、どのように思っているか把握することができます。

そして、実際にやってみて、大人からみた評価もつけておきましょう。

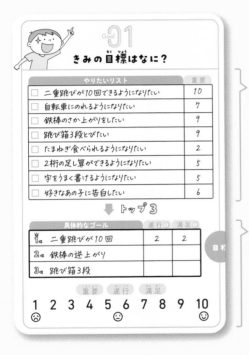

きみの目標はなに？

やりたいリスト	重要
□ 二重跳びが10回できるようになりたい	10
□ 自転車にのれるようになりたい	7
□ 鉄棒のさか上がりをしたい	9
□ 跳び箱3段とびたい	9
□ たまねぎ食べられるようになりたい	2
□ 2桁の足し算ができるようになりたい	5
□ 字をうまく書けるようになりたい	5
□ 好きなあの子に告白したい	6

→ トップ3

具体的なゴール	遂行①	満足①
1位 二重跳びが10回	2	2
2位 鉄棒の逆上がり		
3位 跳び箱3段		

重要　遂行　満足
1　2　3　4　5　6　7　8　9　10

● まずは子どものやりたいことをあげましょう。その上で、下の数字を参考に「自分にとってどれだけ重要か（重要度）」を採点しましょう。

● 「やりたいリスト」で採点した重要度の上位3つを目標に設定します。目標はできるだけ具体的にしましょう（回数、距離、使用道具…）。

● 3つの目標について再度下の数字を参考に「どれだけ上手にできているか（遂行度）」「現状どれだけ満足できているか（満足度）」を採点しましょう。

POINT

☑ 子どもの「やりたい」を引き出し、そこで子どもが達成したい目標を明確にします。CO-OPでは「3つ」の目標を設定します（COPM）。

☑ 話し合いだけで目標が明確にならない場合は、写真やイラスト、日常活動リストなどを使ってみましょう。

☑ 子どもがどれくらいうまくできているかを大人の目からも確認します（PQRS）。動画で撮影しておくことをオススメします！

詳細は P38

ヒロくんの二重跳びは…1回も跳ぶことができませんでした。
そのため、ヒロくんと「なぜできないのか」
その原因を考え話し合いました。
ジャンプ低いかなぁ？ 目標10回はさすがに多すぎた？ 縄が短い？
…二重跳びにより影響している要素をあげていきました。

ゴールに対して、まずは「やってみる」ことが大切です。やってみることで改善点がわかってきます。CO-OPは、やってみた上でできない原因（改善点）を考える際に、「人―活動―環境」の枠組みを用いて分析します。

　原因が1つの場合もあれば複数の場合もあります。子どもと一緒に整理していきましょう。

- まずはじめに「モチベーション」と「活動の知識」に問題がないか確認しましょう。
次に「人―活動―環境」の枠組みで遂行能力を確認しましょう。

- 人：体の位置、タイミング、力加減…など、子どもの能力について分析します。

- 活動：回数、距離、活動の種類…など、活動が与える子どもへの影響について分析します。

- 環境：道具、場所、他の子ども…など、環境が与える子どもへの影響について分析します。

Plan 02
どんな作戦をつかう？

	作戦リスト	チェック	
人 動き・気持ちなど やり方 を変える			
活動 回数・距離など やること を変える			
環境 道具・場所など まわり を変える			

※チェック項目には「◎ △ ×」を記入ください

作戦

POINT

☑ 大人はダイナミック遂行分析（DPA）を用いて子どもの遂行を分析します。

☑ まずは「モチベーション」と「活動の知識」に問題がないかチェックしておきましょう。

☑ 遂行能力の分析は、「人―活動―環境」の枠組みを使いましょう。

☑ 子どもと一緒に分析することで、子どもの自己分析力が育ちます。

詳細は P45

ヒロくんは２つのことを教わりました。

１つは「Goal-Plan-Do-Check」の問題解決の枠組みです。

もう１つは「子どもオリジナルの作戦」を見つけていくことです。

①手首をつかう作戦、②足くっつけ作戦、③なわを長くする

作戦を発見し、どの作戦がよいか確認しながら練習していきました。

CO-OPは、作戦の発見とそれを使って練習することをとても大切にしています。そのため、まずはCO-OPマップを用いて「問題解決の枠組み」を教えることから始めましょう。そして、子どもオリジナルの作戦をどんどん発見していきましょう。

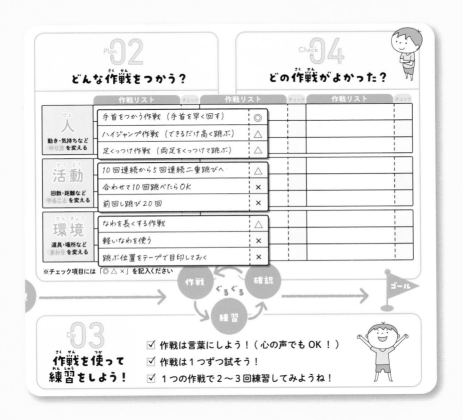

Plan 02
どんな作戦をつかう?

Check 04
どの作戦がよかった?

	作戦リスト	チェック	作戦リスト	チェック	作戦リスト	チェック
人 動き・気持ちなど**やり方**を変える	手首をつかう作戦（手首を早く回す）	◎				
	ハイジャンプ作戦（できるだけ高く跳ぶ）	△				
	足くっつけ作戦（両足をくっつけて跳ぶ）	△				
活動 回数・距離など**やること**を変える	10回連続から5回連続二重跳びへ	△				
	合わせて10回跳べたらOK	×				
	前回し跳びで20回	×				
環境 道具・場所など**まわり**を変える	なわを長くする作戦	△				
	軽いなわを使う	×				
	跳ぶ位置をテープで目印しておく	×				

※チェック項目には「◎ △ ×」を記入ください

作戦　ぐるぐる　確認
練習
ゴール

03
作戦を使って練習をしよう!

☑ 作戦は言葉にしよう！（心の声でもOK！）
☑ 作戦は1つずつ試そう！
☑ 1つの作戦で2～3回練習してみようね！

\ POINT /

☑ まずは問題解決の枠組み（GS）を教えましょう。

☑ 「Goal-Plan-Do-Check」の段階を子どもに意識づけながら練習を進めましょう。

☑ 子どもオリジナルの作戦（DSS）が効果的なものであれば、遂行はどんどん改善していきます。効果的な作戦が見つかるまで、Plan-Do-Checkをぐるぐる回しましょう！

詳細は P48

episode 4 ガイドされた発見
「子どもの作戦をじょうずに引き出す!」

ヒロくんが作戦を発見するまでには、あるやりとりがありました。
大人は「手首がうまく使えていない」ことを分析していましたが、
ヒロくんはそれになかなか気づきませんでした。
そこで手首をうまく使うことをヒロくんに教えることはせず、
「質問」で作戦の発見をうまくガイドしたのです。

CO-OPでは、子どもに作戦を教えることはしません。「質問」によって、子どもが作戦を発見するように促すことがテクニックになります。

　たとえば、ヒロくんに「手首の動き」を着目してもらいたい場合「手首の動きはどうなっている？」など、子どもが発見できるように質問していきます。

作 戦
Verbal Guidance
図 鑑

子どもが作戦を自ら発見できるように、どこに着目して、どんな声かけをすればいいか「作戦の分類」と「作戦の例」をまとめました。

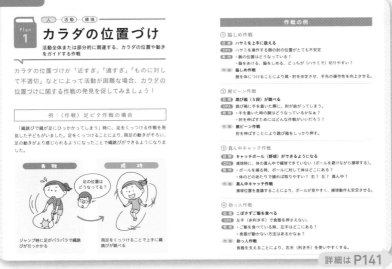

POINT

- [ ] **一度にひとつずつ**：子どもをたくさんの情報にさらさないよう注意しましょう。

- [ ] **効果的な質問**：発見学習を導くために、効果的な質問をしましょう（教えない！）

- [ ] **コーチング**：協働関係を大切にし、目標達成に向けて一緒に取り組む姿勢を取り続けてください。また、活動や環境に対することでさえ、質問によって発見を促しましょう（調整しない）。

- [ ] **わかりやすく**：ほめ方、説明、質問内容…すべてにおいて「わかりやすい」ことを心がけましょう。

詳細は P52

Part 1　CO-OPストーリー　　27

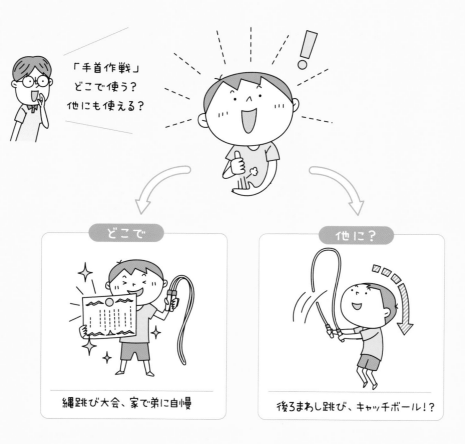

「手首作戦」
どこで使う？
他にも使える？

どこで

縄跳び大会、家で弟に自慢

他に？

後ろまわし跳び、キャッチボール！？

ヒロくんは、「手首作戦で二重跳び10回」の目標を達成しました。
そこで終わりにするのではなく、
手首作戦を「どこで使えるか？」「他にも活かせるか？」
についてヒロくんに尋ねたのです。
それにより、ヒロくんが思いついた他の場面・活動に手首作戦を使い、
さまざまな目標を達成していくことができました。

CO-OPでは、子どもが持続的に成長していけることをめざしています。そのため、なにかスキルが身についた際は、積極的に別の文脈（設定・他者・時間など）や別の課題に応用するように促しましょう。

　そのスキルは、どこで使えるか？　別の活動でも使えるか？など、どんどん話し合いましょう。

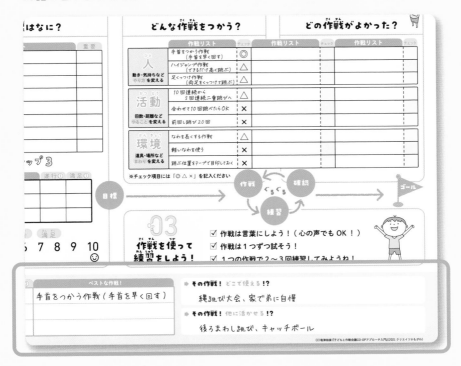

POINT

☑ **楽しむ**：とにかく「楽しい」ことが大切です！

☑ **学習の促進**：学習を促進するテクニックをどんどん使いましょう！

☑ **自立に向けて**：大人から離れたところで作戦を使う経験をつくりましょう！
　　宿題も効果的に使いましょう。

☑ **般化と転移**：異なる文脈（般化）・課題（転移）でスキルを使用することを積極的に促しましょう。

詳細は P56

ヒロくんが家庭でも成長していけるように、ヒロくんのお母さんに
CO-OPのコンセプトや、実際に発見した作戦を伝えました。
そうすることで自宅でも作戦を使って練習し、
二重跳びはさらに上達しました。
そのことで、ヒロくんはどんどん自信に満ち溢れていったのです。

Let's try CO-OP

介入の形態

3つの段階！

準　備

- ● 目標を決めましょう！
- ● 遂行の観察評価をしましょう！
- ● 遂行の問題を分析しましょう。

習　得

- ● 子どもに問題解決のツールを渡しましょう。
- ● 子どもオリジナルの作戦を発見していきましょう。
- ● 作戦を用いて練習していきましょう。
- ● 遂行の問題を分析し続けましょう。
- ● スキルの般化・転移をうながしましょう。

検　証

もう一度「CO-OP マップ」を見なおし
- ● ゴールが達成されたか確認しましょう。
- ● 遂行の変化を確認しましょう。
- ● スキルの般化・転移を確認しましょう。

CO-OPの詳細を一緒に見ていきましょう！

Part **2**

CO-OP
の
道具箱

Cognitive Orientation to daily
Occupational Performance

本書の内容は、**CO-OP approach**™（コアップ・アプローチ）[1,2][注1]が基盤となっています。

　まず、この章ではCO-OPの「**4つの目的**」を紹介します。加えて、この4つの目的を達成するための「**7つの特徴**」についても紹介します（図1）。7つの特徴はPart 1「CO-OPストーリー」に含まれていますが、この章でより詳細に説明していきます。

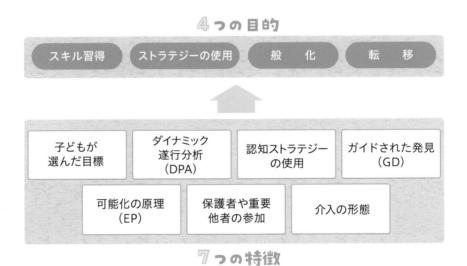

図1）4つの目的・7つの特徴

注1　CO-OP（コアップ）：Cognitive Orientation to daily Occupational Performance の略

CO-OP の４つの目的

CO-OPには、以下の４つの目的があります。

1 スキル習得	2 ストラテジーの使用	3 般化	4 転移

　この４つは、生活上のスキル習得に困難さを抱える子どもにとってきわめて重要です。

① スキル習得

　子どもが目標を達成するために、スキル習得は重要な目的の一つです。なぜなら、**スキルは「課題特異的」**だからです。つまり、サッカーがうまくなりたければ、サッカーのスキルを習得する必要があり、文字を書くことがうまくなりたければ、文字を書くスキルを習得する必要があるからです。

　どれだけ力が強くても、バランス力が良くても、**目標とする活動のスキルを学習**[注2] しなければうまく遂行[注3] できません。加えてCO-OPで、どのスキルを習得するかは、子どもに応じてオーダーメイドで設定されます。なお、CO-OPでは**３つのスキル習得**をめざします。

注2　学習とは、「行動や行動する能力の持続的な変化で、練習や経験によってもたらされる」ことを意味します。勉強でも学習という言葉を用いますが、運動能力の変化には「運動学習」という言葉を用います。

注3　遂行（Performance）とは、「活動を行うこと」です。作業療法士は、子どもにとって意味や目的がある活動（作業）を行うことを「作業遂行」を呼びます。

② ストラテジーの使用

ストラテジーとは、**目標を達成するために使用される行動計画**です。人は日々の生活の中で、意識的・無意識的にストラテジーを使用しています。しかし、効果的なストラテジーが見つかることばかりではありません。遂行がうまくできていない場合は、自身にあったストラテジーを発見する必要があります。そのため、CO-OPでは、子どもがストラテジーを使用することを促し、自身で問題解決していけることをめざします。

ストラテジーにはさまざまな種類がありますが、CO-OPでは二つのストラテジーを使用します。それは、「グローバルストラテジー」と「領域特異的ストラテジー」です。詳細は「3．認知ストラテジーの使用」（P48）を参照してください。

③ 般　化

CO-OPは、**学習したスキルを異なる文脈でも使用できること（般化）**を目的としています（図2）。異なる文脈とは、練習されていない設定・他者・時間などです。

図2）般化

スキルの般化が実現すれば、子どもは大人の助けを借りず、実社会で習得したスキルを発揮することが可能になります。

④ 転　移

　CO-OPは、**学習したスキルを別のスキル習得に応用すること（転移）**も目的としています。転移にもいくつか種類があります（図3）。たとえば、「近位転移」「遠位転移」があります。

　近位転移とは、ドッジボールを捕る・野球ボールを捕るなど、似通ったスキルの間に起こる学習の転移をいいます。遠位転移とは、自転車に乗る・スケートボードに乗るなど、異なるスキルの間に起こる学習の転移をいいます。当然、遠位転移に比べて近位転移のほうが転移の実現性が高いです。

　習得したストラテジーを積極的に使用することで、子どもは日常生活で遭遇する新たなスキル習得の要求に適応していくことが可能になります。

近位転移

習得したスキルが
類似したスキルの習得に
転移すること

類似スキル

遠位転移

習得したスキルが
異なるスキルの習得に
転移すること

異なるスキル

図3）転移

CO-OPの7つの特徴

4つの目的を達成するために、CO-OPには以下の7つの特徴があります。

特徴1	子どもが選んだ目標	
特徴2	ダイナミック遂行分析	
特徴3	認知ストラテジーの使用	必須特徴
特徴4	ガイドされた発見	
特徴5	可能化の原理	
特徴6	保護者や重要他者の参加	構造的特徴
特徴7	介入の形態	

この中でも、1〜5は「必須特徴」とされており、6・7は「構造的特徴」とされています。

つまり、1〜5の特徴は**必ず使用しなければCO-OPとはいえない**とされ、6・7に関しては、**それぞれの実践にあわせて変更してよい**とされています。これらの特徴について一つずつ説明していきます。

特徴 1 子どもが選んだ目標：
○○したいからはじめよう！

一つ目の特徴は、子どもが選んだ目標[注4]です。この特徴では、**子どもが達成したい目標**を明らかにします。また、**現状の遂行の質を把握する**

ことも行います。

　子どもが達成したい目標を特定するためのポイントがあります。それは、**子どもと大人が協働して目標設定**することです。

　CO-OPでは、大人が勝手に子どもの目標を決めてはいけません。子どもの意見を尊重し優先します。ただ、それが困難な状況もあります。たとえば、子どもがしたいことと大人（保護者、教師、保育士、作業療法士など）が求めることが食い違うことがあります。もし、大人が子どもに求めるものを目標にする場合でも、**子どもの合意を必ず取ります。**大人が求める目標だとしても、子どもがその必要性を認め、スキルを習得することに興味・関心をもつことができれば、効果を得ることができます。いずれにせよ、大人が子どもを目標設定に最大限参加させることが重要です。

　ここまで子ども中心に進めるには理由があります。それは、自分の目標は自分で決めてこそ、モチベーションが高まるからです。モチベーションは、子どもの遂行の中心にあるといえます。なぜなら、モチベーションは遂行の上達（スキル習得）において、不可欠な要因であることがわかっているからです[3]。そのため、CO-OPでは大人が子どもに何かさせるのではなく、子どもの目標の達成を全力でサポートすることが重要です。

　子どもの目標を特定するにあたって、CO-OPでは「**カナダ作業遂行測定（COPM）**」[4-6) 注5]という面接評価法を使用します。COPMについて説明します。

注4　子どもが選んだ目標：本来はClient chosen goal（クライエントが選んだ目標）ですが、本書ではクライエントを「子ども」に置き換えています。

注5　カナダ作業遂行測定（COPM）：Canadian Occupational Performance Measure

1 カナダ作業遂行測定（COPM）：子どもにインタビューする！

（1）目　的

　COPMは、子どもにとって大切な活動（目標）を発掘するためのツールです。COPMは、次のような目的で使われています。

→ 遂行における問題について特定する

→ 遂行における子どもの優先事項を評定する

→ こうした問題についての遂行度と満足度を評価する

→ 目標設定のための土台を提供する

→ 介入期間での子どもの遂行のとらえ方における変化を測定する

文献4より引用改変

（2）手　順

ステップ1 ● 問題の特定

　まずは、目標となり得る子どもにとって「したい」「する必要がある」「することを期待されている」活動を聞き取ります。COPMでは、子どもの活動の領域を3つに分けています。それは、**セルフケア（身の回りのことなど）**、**生産活動（学校など）**、**レジャー（遊びなど）**、です。

これは、インタビューの際の目安としてください。もし、インタビューだけでは聞き取ることが難しい場合は、補助的に日常の活動を振り返ることや写真やイラストを用いて想起する方法もあります（Part 3「CO-OP Q&A Q10 CO-OP実践のお悩み」P88参照）。

ステップ2 ● 重要度の評定

問題が特定されたら、各活動について自分の生活における**重要度**（その活動をできることは、どのくらい重要か）を子どもに採点してもらいます。採点は、1点（まったく重要でない）～10点（とても重要である）で行います。そうすることで、子どもが大切にしている活動の順位づけすることができ、そこから目標とする活動を絞り込むことができます。

COPMは、最大5つの作業を特定しますが、CO-OPではそのうちから**3つの活動を目標**とします。

ステップ3・4 ● スコアリング（遂行度・満足度）

特定した活動に対して、**遂行度**（現在、その活動はどのくらい上手にできているか）と**満足度**（その活動の現状にどのくらい満足できているか）を採点していきます。その方法は、重要度と同様「1点～10点」で子ども自身が採点します。一つの活動に対して遂行度・満足度を採点した後に、次の活動の採点に進むと行いやすいです。

最後に、遂行度・満足度それぞれにおいて、すべてのスコアを合計し、問題の数で割ることにより平均スコアを計算します（図5）。

ステップ5 ● 再評価

ステップ1～4の実施が初期評価となります。その後、適切な期間CO-OPを行った後に、再評価を行います。再評価では、各問題の遂行

度と満足度をもう一度子どもに採点
してもらいます。そして再度、遂行度・
満足度の平均スコアを算出し、2回
目の平均スコアから1回目の平均ス
コアを引けば、変化の値を算出する
ことができます。なお、いずれも「2
点以上の変化」が臨床的に重要であ
るとされています[3]。

第1段階	問題の特定	重要度 1 2 3 4 5 6 7 8 9 10
第2段階	重要度の評定	
第3・4段階	スコアリング （遂行度・満足度）	遂行度 1 2 3 4 5 6 7 8 9 10
第5段階	遂行度と満足度の再評価	満足度 1 2 3 4 5 6 7 8 9 10

図4）COPMの5ステップ[4]

作業遂行の問題	初期評価		再評価	
	遂行度❶	満足度❶	遂行度❷	満足度❷
1. 料理をする	4	1	7	8
2. 靴ひもを結ぶ	2	1	8	9
3. 逆上がり	3	4	8	10
スコア＝ 遂行度または満足度の合計／問題の数	遂行スコア❶ 9／3 = 3.0	満足スコア❶ 6／3 = 2.0	遂行スコア❷ 23／3 = 7.6	満足スコア❷ 27／3 = 9.0

遂行の変化　＝　遂行スコア❷　7.6　−　遂行スコア❶　3.0　＝　4.6
満足の変化　＝　満足スコア❷　9.0　−　満足スコア❶　2.0　＝　7.0

図5）COPM：スコアリングの例　　　　　　　　　　詳細は文献4〜6を参照。

　COPMは、目標となり得る活動を
特定し、子どもが主観的に重要度・
遂行度・満足度を採点するものです。
一方、子どもの成長をとらえるため
には、客観的な指標も必要です。そ
のために、CO-OPでは「**遂行の質評
定スケール（PQRS）**」[注6]を用います。
PQRSは、**大人が子どもの遂行を観
察し、その遂行の質を「1点～10点」で採点します**（図6）。

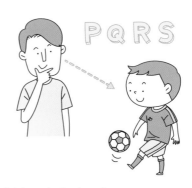

名　　　前	
セラピスト	
日付（介入前）	日付（介入後）

ゴール	☹ 　　　 ☺ 　　　 ☺	コメント
	1　2　3　4　5　6　7　8　9　10	
	1　2　3　4　5　6　7　8　9　10	
	1　2　3　4　5　6　7　8　9　10	

図6）PQRS[1]

　臨床においては、評価の信頼性を確保するために、2種類のスコア
リング方法が開発されています[7]。1つは、課題完了度合と遂行の質
の2軸において、それぞれ10点で採点し、その平均スコアを算出する

注6　遂行の質評定スケール（PQRS）：Performance Quality Rating Scale

PQRS-G^{注7}があります（図7）。もう1つは、少なくとも1つの数値評価について定義を作成し採点するPQRS-OD^{注8}があります（図8）。また、介入前後で遂行の質が変化したかを判断する際に、PQRS-Gでは3点、PQRS-ODでは1点の変化があれば、真の変化があったといえます。

　観察は、遂行を直接観察する場合と、動画を用いて観察する場合があ

点数	完了度		遂行度
1	0%	課題完了	n/a
2	25%		とても下手
3			
4	50%	課題完了	下　手
5			
6	75%	課題完了	中等度
7			
8	100%	課題完了	良　い
9			
10	100%	課題完了	完　璧

1）ビデオを見ます（2回まで）
2）上記の表をガイドとして用いて、完了度と遂行度の平均値に基づき、1点から10点で採点します。
　　例）75%課題完了で6点、遂行の質は下手で4点：（6＋4）／2＝5点
　　※小数点以下は四捨五入
3）遂行度は、遂行の正確性、安全性、適時性、といった遂行の質や成果物（例：書字であれば書いた文字など）の質を考慮します。
4）3、5、7、9は、以前観察したものよりわずかに良いまたは悪い、基準にわずかに満たしていない、などによって評価者の裁量で使用されます。

図7）PQRS-G：スコアリングガイド⁸⁾

点数	5文字の氏名を漢字で書く
1	字を書こうとしない。1文字も漢字で書けない。
2	5文字中1文字は漢字で書くことができる。
3	
4	5文字中2文字は漢字で書くことができる。
5	
6	5文字中3文字は漢字で書くことができる。
7	
8	5文字中4文字は漢字で書くことができる。
9	
10	5文字の漢字すべて書くことができる。

図8）PQRS-OD：定義づけの例⁸⁾

ります。なお、PQRSは「動画観察」で標準化されており、可能であればタブレット端末などを利用して撮影したもので観察することをおすすめします。また、次に紹介する特徴（ダイナミック遂行分析）では、この遂行の問題点を分析することになりますので、動画があると分析しやすくなります。

特徴 2 ダイナミック遂行分析（DPA）：できない原因を考える！

　二つ目の特徴は、ダイナミック遂行分析（DPA）[注9]です。DPAは、うまくいっていない遂行の問題を特定するための枠組みです。PQRSを用いて観察・採点した後に、このDPAを用いて遂行分析します。分析の流れは以下の3つです（図9）。

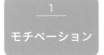
1 モチベーション

2 活動の知識
3 遂行能力

1 モチベーション

　前の特徴でも述べたように、モチベーションは遂行に必要不可欠なものです。そのため、まずは**遂行にモチベーションが影響しているか**を確認しておかなければいけません。これは、子どもへの質問や遂行を観察

注7　PQRS-G：Performance Quality Rating Scale- Generic rating system
注8　PQRS-OD：Performance Quality Rating Scale- Operational Definitions
注9　ダイナミック遂行分析（DPA）：Dynamic Performance Analysis

することで明らかになります。もし、モチベーションがない・低い場合（この活動をやりたくない、など）はDPAを中止し、その原因を考える必要があります。場合によっては、もう一度取り組む活動や目標を検討する必要があります。

　モチベーションが十分あり、遂行への影響が低いと判断できれば、次の「活動の知識」の分析を始めます。

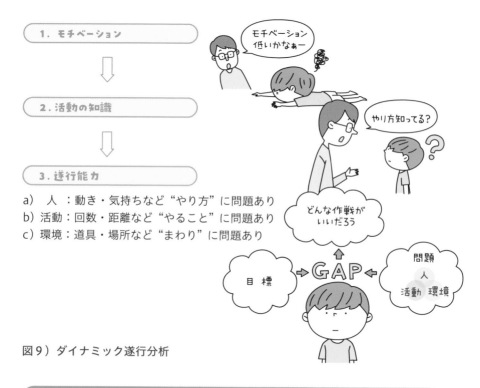

a)　人　：動き・気持ちなど"やり方"に問題あり
b)　活動：回数・距離など"やること"に問題あり
c)　環境：道具・場所など"まわり"に問題あり

図9）ダイナミック遂行分析

2　活動の知識

　次に分析することは、**子どもにその活動の知識があるか**です。これも、子どもへの質問や遂行を観察することによって明らかになります。もし、

子どもが活動の知識が少ない・ないために、遂行がうまくいっていないのであれば、DPAを中止し、活動の知識を補足してあげる必要があります。

　活動の知識が十分にもかかわらず、遂行に問題がある場合は、次の「遂行能力」の分析を始めます。

③ 遂行能力

　遂行の問題が、モチベーションでも活動の知識でもないと判断できてはじめて、**遂行能力**について分析します。遂行能力は、とても重要な分析の視点です。遂行は、「人―活動―環境」の相互作用によって生じます。そのため、遂行の有能性を決めるのは、子どもの能力と活動・環境からの要求および支援のバランスです（図10）[7]。有能な遂行は左右のバランスが取れた状態であり、質の低い遂行はこのバランスが崩れた状態であるといえます。

　この遂行能力のとらえ方を踏まえ、DPAでは子どもの目標に対して、「子どもの能力はどうか？」「活動・環境からの要求は適切か？」「子どもが遂行するための活動・環境からの支援は適切か？」を分析していきます。

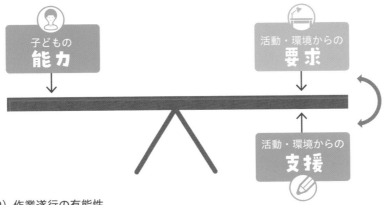

図10）作業遂行の有能性

３つの中でどれか一つに問題があると分析できることもあれば、３つすべてに問題があると分析できることもあります。

　遂行能力の問題と子どもの目標達成に必要なスキルとのギャップを埋めるために、次に紹介する特徴（認知ストラテジーの使用）が必要となります。

　前述したDPAの流れは、実際の遂行場面や動画を用いて行われます。場合によっては、子どもや周囲の人（保護者・教師など）からの遂行の報告を分析することもできます。また、分析は大人だけで行うこともあれば、子どもと協力して分析することもできます。

　DPAに子どもを参加させることで、子どもの自己分析する力が育つことが期待できます。そのため、積極的に子どもを遂行分析（DPA）に参加させてください。

特徴 3 認知ストラテジーの使用：
作戦を使って練習しよう！

　３つ目の特徴は、認知ストラテジーの使用[注10]です。認知ストラテジーとは、人と学習・問題解決・実行に用いる行動計画です。CO-OPで使用する認知ストラテジーは二つです。それは、**グローバルストラテジー（GS）**[注11]と**領域特異的ストラテジー（DSS）**[注12]です。

注10　認知ストラテジーの使用：Cognitive strategy use
注11　グローバルストラテジー（GS）：Global Strategy
注12　領域特異的ストラテジー（DSS）：Domain Specific Strategy

グローバルストラテジー（GS）とは、**問題解決の枠組み**のことです。その枠組は、**Goal（目標）— Plan（計画）— Do（実行）— Check（確認）**です。このGSは、子どもの問題解決を支え、さまざまな目標や状況、場面を想定して、長期間使用されるように開発されています。目標とした活動の練習を始める前に、まずこのGSを子どもに紹介し、使用方法を教えます。

ただ、口頭で伝えるだけでは、子どもは理解することが難しく、練習途中で忘れてしまう・意識できないこともあります。そのため、GPDCシートを開発し、本書の付録としました（図11）。GPDCシートを使用することで、今いる段階を意識することができます。最終的に、子どもの頭の中でCO-OPマップをイメージすることができ、これを使用しなくても問題解決していけることをめざしています。

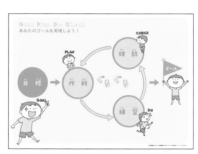

図11）GPDCシート

領域特異的ストラテジー（DSS）とは、**子どもが発見したオリジナルの作戦**のことで、グローバルストラテジー（GS）：Goal（目標）— Plan（計画）— Do（実行）— Check（確認）の **Plan（計画）の段階で立てる具体的な作戦**のことです。

DSSは、活動または活動の一部のスキル習得を支援するために重要な

認知ストラテジーです。基本的に、DSSは子どもの数だけ無限に存在します。ただし、どのDSSも**言語的ガイダンス**[注13]がつくことが重要なポイントです。言語によるガイドとは、遂行中に作戦をつぶやく（ひとり言）[注14]ことで行動を導くことです。つぶやきは、声に出しても、心の中でつぶやいてもかまいません。とにかく、**言葉で行動を導くことが重要です。**

DSSは無限にあると述べましたが、いくつかの研究からDSSの分類について報告されています。それらをもとに本書では、**CO-OP作戦図鑑（Part 5、P141）**を作成しました。ぜひ参考にしてください。

作戦図鑑は、大人の引き出しとして使用してもらうように開発しました。ただ、子どもが作戦を考えるヒントとして活用することも可能です。

③ 子どもがストラテジーを使いこなすために

CO-OPの目的の一つに「ストラテジーの使用」があることを説明しました。これは、子どもがストラテジーを使いこなせるようになってほしいということです。そのために、子どもがストラテジー（グローバルストラテジー・領域特異的ストラテジー）を使用するように、大人は促す必要があります。

子どもが**ストラテジーを使用しはじめる**ために、大人は関わりの中で、以下の5点を取り入れるとよいとされています[8]。

❶ストラテジーを使用することの価値について、説明や話し合いをする。

注13 言語的ガイダンス：Verbal Guidance
注14 子どものひとり言：子どもは何かを行う際にひとり言をつぶやいていることが多いものです。発達心理学者のヴィゴツキーは、子どものひとり言は遂行の発達に影響を与えているとしています。

❷ストラテジーの紹介は、一度にできるだけ少なくする（混乱を避けるため）。

❸ストラテジーを実際に使用する機会を提供することでモデル化させる。

❹ストラテジーの有効性を理解してもらうためにフィードバックする。

❺ストラテジーを新たな状況で使用する機会を探す。

　また、子どもが**ストラテジーを上手に使用できるようになる**ためには、以下の5点を取り入れるとよいとされています[9]。そして、CO-OPはこれらのポイントが含まれるように設計されています。

1 ）スキルを習得するために動機づけされること
・CO-OPでは、子どもが選んだ目標について取り組み、モチベーションを確保しています。
2 ）十分に活動の知識をもっていること
・DPAを通じて、活動の知識について継続的に評価され、不足している場合は補充されます。
3 ）問題解決するための全般的なストラテジーと具体的なストラテジーを含め、幅広いレパートリーをもっていること。
・子どもはGSを教わり、DSSを発見するようにガイドするため、幅広いストラテジーのレパートリーを身につけます。
4 ）いつ・どこでストラテジーを使用するかを知ること。
・GSのPlan（計画）で、大人が「ガイドされた発見（特徴4）」と「可能化の原理（特徴5）」を用いることで、子どもは、いつ、どこで、どのストラテジーを使うべきかを見きわめることを学びます。
5 ）練習とストラテジーの使用が遂行に影響を与えることを認識すること。
・GSのDo（実行）で、子どもは作戦を実行するために練習し、その後、Check（確認）で、作戦が効果的であったか判断します。

特徴4 ガイドされた発見（GD）： 子どもの作戦をじょうずに引き出す！

　4つ目の特徴は、**ガイドされた発見（GD)**[注15]です。GDは、CO-OP における**子どもへの関わり方**を提示しています。この関わり方とは、**子どもが主体的に学習するためのガイド役**になるということです。直接指導するわけでもなく、子どもだけで探索学習するわけでもない、その中間的な関わり方です。

　つまり、解決策は提供しないが、大人がコーチング、モデリング、フィードバックなど（「特徴5 可能化の原理」P56参照）でヒントを提供することによって、子ども自身で解決策を発見することを導く関わり方です。あえて解決策を発見させるのは、子どもの自己効力感が育まれることと、学習理論[注16]に基づいた関わりだからです。

　大人が解決策のヒントを考える時は、DPA（「特徴2 ダイナミック遂行分析」P45参照）に立ち返ってください。モチベーション？　活動の知識？　人─活動─環境の適合性？……常に大人は考えながら、解決策を教えるのではなく、ヒントを提供して子どもが解決策を発見することをガイドしてください。

　CO-OPでは、もっと具体的にGSに4つのテクニックを設定しています。GSの4つのテクニックについて説明していきます。

注15　ガイドされた発見（GD）：Guided Discovery
注16　学習理論：学習に関する理論で、「行動理論」と「認知理論」が含まれます。

テクニック 1 一度にひとつずつ

　CO-OPでは、子どもも大人も「一度にひとつずつ」の原則を意識することが大切です。具体的にどんな場面で原則をより意識しなければいけないかというと、一つは**遂行の問題分析**です。子どもに遂行の問題が生じている場合、たいてい複数の問題が存在しています。もう一つは、**作戦の試行**です。作戦を考える時に複数の作戦を思いつくかもしれません。しかし、学習理論上いくつかの情報を同時に処理することは難しいとされています。そのため、遂行の問題を検討する際には、**一度にひとつずつの問題に着目しながら分析**します。また、作戦がいくつか思いついても、**一度にひとつつずつ作戦を試行します**。

　いずれも、他のことに手をつける前に、実行と確認を行うことが必要です。簡単そうに思えても、つい複数の刺激や情報に気が向いてしまうものです。子どもが一度にたくさんの刺激や情報にさらされないように、大人はガイドしていく必要があります。

テクニック 2 効果的な質問

　CO-OPでは、大人が作戦を子どもに教えるのではなく、**質問することで子どもの作戦の発見をガイドする**ことが大切です。しかも、「効果的な質問」です。効果的な質問とは、子どもが自身の遂行の問題に対する答えを見つけられるように導く質問です。これが最も難しいテクニックであり、最も強力なテクニックです。

　参考に質問のタイプを5つにまとめました（表1）。

　その他、質問のポイントは以下の通りである。

表１）５つの質問タイプ

①	事　実	明らかな事実や事実に基づくまっすぐな答えを求める質問
②	類　比	似ている点を探すように促す質問
③	対　比	異なる点を探すように促す質問
④	因　果	物事の原因と結果の関係を明らかにするように促す質問
⑤	展　開	分析・統合・予測など展開の可能性を求める質問
	1〜5の組み合わせ	

事　実	類　比	対　比	因　果	展　開
Ⓐ	Ⓐ ・‖・ ？	Ⓐ ↕ Ⓑ	Ⓐ ↓ Ⓑ	Ⓐ ↙↓↘ ？ ？ ？
そのものを聞く	似たものを聞く	違いを聞く	原因と結果を聞く	展開を聞く
Ⓐは何に見える？ Ⓐはどうなっているなど	Ⓐは何と似ている？	ⒶとⒷでどっちが良い？ ⒶとⒷでどこが違う？	ⒶをどうすればⒷになる？	Ⓐは他にどんなものがある？ Ⓐは別の活動でも使える？

- 遂行に焦点をあてた質問をする。
- 質問に答えるのに十分な活動の知識をもっているかを確認する。
- 何かポイントに着目してほしい場合、クローズド・クエスチョン[注17]を使う。
- 考えてほしい（判断など）場合、オープン・クエスチョン[注18]を使う。

注17　クローズド・クエスチョン：「はい」「いいえ」あるいは一言二言で答えられる質問である。「〜ですか」「〜しますか」「〜しましたか」などの質問がこれにあたる。

●考えるための「待ち時間」を設ける。

●取り組んでいることや解決したことを要約する。

テクニック 3 コーチング

　多くの大人は、子どもの成功を確実にするために、活動や環境を調整します。もちろん必要な場面も多々あると思いますし、短期的には成功するでしょう。しかし、それは大人の調整による成功というカッコつきの成功です。大人がいなければ子どもは成功することは難しいままです。つまり、「子どもが学習する機会を大人が奪ってしまっている」ともとらえることができます。

　そのため、CO-OPでは調整せず「コーチング注19」を行います。遂行を向上するために人に関する作戦だけでなく、**活動や環境の調整に関しても、子どもの質問によって発見をガイドします。**

テクニック 4 わかりやすく

　これは、「テクニック 2 ：効果的な質問」と「テクニック 3 ：コーチング」を補完するものであり、それらにあわせて使用されます。遂行が苦手な

注18　オープン・クエスチョン：「どんな」「どのように」「なぜ」のように一言では答えられない質問です。「どんな」という質問は事実を引き出す、「どのように」は感情や問題が起こってきた過程を引き出す、「なぜ」はできごとが生じた理由を引き出すことに有効である。

注19　コーチング：コーチングとは、協働的関係のもとで目標達成に向けた具体的な援助（動機づける、方略を組み立てる、強みを賞賛する、フィードバックする、など）を行うことです。これは、知識や情報を一方的に教えるというティーチングの形式とは異なります。

子どもたちは、観察のみで学習することが容易ではありません。そのため、どこに着目すべきかを伝えることが必要です。必要に応じてタブレット端末などを用いて動画で確認することも有用です。

　その他にも、さまざまな場面で大人はわかりやすさを意識しなければなりません。本書では、上記で述べたようにCO-OPマップ、GPDCシート（付録）を作成し、よりわかりやすくなるような仕組みをつくっています。

特徴 5　可能化の原理（EP）：作戦を応用しよう！

　5つ目の特徴は、可能化の原理（EP）[注20]です。EPとは、子どもの学習を促進し、スキルの習得、般化、転移を支援するために設計された基本的なテクニックです。

　EPには、4つのテクニックがあり、それらについて説明します。

テクニック 1　とにかく楽しく！

　ポジティブ感情（楽しさ、喜び、満足など）が、モチベーションや遂行に良い影響があるといわれています[10]。そのため、子どもが楽しく実施できることが大切です。そのためには、大人が遊び心をもち、率先して楽しく取り組み、それにつられて子どもも楽しめるように関わります。たとえば、誇張した動き、楽観的な態度、なにかの役を演じながら関わるなど、大人は子どもが楽しく安心して取り組めるように趣向を凝らすことが必要です。

注20　可能化の原理（EP）：Enabling Principles

また、楽しく取り組むことは、失敗に対するネガティブ感情を最小限にします。失敗も含めて取り組むこと自体を楽しめるマインドセットに変化していくことができれば、子どもはどんどん挑戦・成長していくはずです。その他に、大人が子どもに関わる際に小道具や人形などを用いることなども工夫しましょう。

テクニック ② 学習を促進する！

　CO-OPの基盤の一つに学習理論があります。学習理論の中でも行動理論[注21]は、これまでの研究によってさまざまなテクニック[11]が開発されてきました。状況に応じて、大人がこれらのテクニックを織り交ぜて関わることで、子どもの学習が促進されます。

〔強　化〕良いと思ったらすかさずほめる！

　強化とは、遂行のすぐ後に提示する、子どもにとって報酬となる刺激のことです。つまり、子どもが作戦を使用して少しでも目標に近づいたら、大人は積極的にほめてあげてください。成長度合いが大きいほど、ほめ方を強めていってください。そ

注21　行動理論：行動は、人と環境との相互作用によって起こると考えます。観察できるものに焦点をあて、「先行刺激（A）―行動（B）―結果（C）」の枠組みによって行動をとらえることができます。心理学者のスキナーの行動分析が基本となり、応用行動分析学などさまざまな臨床応用がされています。

Part 2　CO-OPの道具箱　　57

うすることで、その後再び、その遂行ができる可能性が高まります。

〔プロンプト〕効果的なヒントを与える！

　　プロンプトとは、目標とする遂行を引き出すために用いる「お助けヒント」です。プロンプトにはいくつか種類があります。

言語プロンプト	言葉がけによってヒントを与える
視覚プロンプト	身振りやモデリング（後述）、絵や印など視覚情報によってヒントを与える
身体プロンプト	身体に触れて導いてあげることでヒントを与える

言葉プロンプト　　　　　　視覚プロンプト　　　　　　身体プロンプト

〔フェイディング〕ヒントは減らしていこう！

　　前述のプロンプトを絶えず使用すれば、当然のことながら子どもの自立につながりません。**スキルの習得度合いに応じて、プロンプトは徐々に減らしていく必要があり、それをフェイディングといいます。**

　　またフェーディングは、プロンプトの頻度だけではありません。プロンプトの種類によっても子どもに与える影響が異なり、その使い分けが

できるとより効果的な関わりができます。子どもに与える影響が強いほうから「身体→視覚→言語」とされています。子どもがスキルを習得するためには、どの種類・どれくらいの頻度でプロンプトが必要なのか見極めながら関わりましょう。

ヒント（プロンプト）の段階づけ

言語
視覚
身体

弱 ← 影響 → 強

目標に向けて援助を減らしていく
（プロンプトフェーディング）

〔モデリング〕手本を見せる！

　モデリングとは、子どもが実施する遂行を大人が実際にやってみせることです。子どもはそれを観察し、模倣することによって学びます。

〔シェイピング〕目標に近づけていこう！

　子どもが目標を達成するには難しすぎる場合、一歩ずつ目標に近づけていく方法です。「できた・できない」の二元論で考えるのではなく、**少しでも目標に近づいたら強化し、遂行を形成していきます**。特に、子

どもが今まで経験したことのない活動の場合は、シェイピングを使用します。

〔チェイニング〕スモールステップで目標につなぐ！

　チェイニングとは、複雑な遂行を工程（ステップ）に分解し、一つず
つ習得しつなげ合わせていくことで目標を達成することです。工程が少
なく、単純な活動であればシェイピングだけでよいですが、複数の工程
からなる活動の場合はチェイニングが効果的です。

　つなげ合わす順番は、二つあります。それは、フォワード・チェイニ
ング（最初のステップから最後のステップに向けて進めていく方法）と
バック・チェイニング（最後のステップから最初のステップに向けて進
めていく方法）です。また、全工程を通して行うことをトータル・チェ
イニングといいます。

子どもが目標とした活動が、場合によっては工程が多く、1回試行の時間が多くかかる場合があります（例：料理など）。成功の確率を上げるためには、試行回数（Plan ― Do ― Checkをまわす回数）の量も重要になると考えます。そういった際にも、工程ごとで試行していき、つなぎ合わせることで目標を達成していく方法にも使用できます。

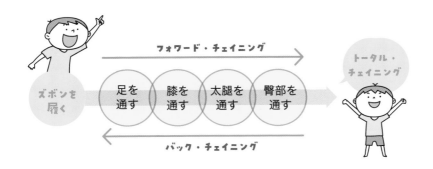

テクニック **3** 自立に向けて取り組む！

　最終的な目標に、子どもの自立を見据えておかなければいけません。そのためには、子どものみで問題解決する経験を積み重ねる必要があります。GSをしっかり教え使用を促し、大人のサポートをどんどん減らしていくことを最初から念頭に置いておきましょう。
　具体的には、宿題を設定することにより、子ども自身でチャレンジする機会を提供します。その際にも、どのような目標に対して、どのような作戦を用いて練習するかを十分話し合っておく必要があります。また、練習した結果について子どもから聞き取ることも必要です。

　般化と転移を促進するために、それについて積極的に子どもと話し合う必要があります。作戦を用いてスキルを習得した後に、般化であれば「この作戦は他にどんな場面で使えるかな？」など、別の状況や場面においても作戦を試すことについて話し合い、実際に試す必要があります。

　転移であれば「この作戦は他の活動でも使えるかな？」など、問題解決した経験を別の活動に応用していくことを促す必要があります。すでにうまくいった作戦を別の活動でも積極的に使うと転移につながりやすいです。また、日常のさまざまな活動でGSを積極的に使用していくように促すことも大切です。

特 徴 **6**　保護者や重要他者の参加：
みんなでゴールの実現へ！

　保護者や重要他者[注22]がCO-OPに参加することは、子どもの成功を喜び、学習の強化に影響を及ぼすことや、セッション以外の環境で認知ストラテジー（GS、DSS）の使用をサポートすることが期待できます。つまり、保護者や重要他者はセッションとリアルな世界をつなぐ架け橋となる存在です。CO-OPの特徴や関わり方などを保護者や重要他者に理解してもらうように説明する必要があります。

　CO-OPを知らない方にとっては、これまで紹介してきたCO-OPの特徴のうち「ガイドされた発見」が難しいとされています。そのため、ガイドされた発見をわかりやすく伝えることが大切です。

注22　重要他者：友達、きょうだい、教師、など、子どもの生活の中で多くの関わりがある者、子どもが目標とした活動に関与する者を指します。

介入の形態：
３つの段階！

① プログラムの構成

　CO-OPは３つの段階で構成されます。それは①準備段階、②習得段階、③検証段階、です（図12）。

❶ 準備段階

　まずは目標とベースラインを把握する必要があります。そのため、COPMを用いて子どもの目標を３つ設定し、遂行がどれくらいうまく行えるのかPQRSを用いて点数化します。その際に、どこに遂行の問題があるかDPAを用いて分析します。

準 備
❶COPMでゴールを決めましょう。
❷PQRSで遂行の質を評価しましょう。
❸DPAで遂行の問題を分析しましょう。

習 得
❶GSを子どもに伝え、問題解決のツールを手渡しましょう。
❷GSを使用し、子どもオリジナルの作戦を発見しましょう。
❸作戦を用いて練習しましょう。
❹DPAを反復的に使用し分析を続けましょう。
❺般化・転移を促しましょう。

検 証
❶もう一度COPMを行い、ゴールが達成されたか確認しましょう。
❷もう一度PQRSを行い、遂行の質の変化を確認しましょう。
❸般化・転移を確認しましょう。

図12）３つの介入段階

そして、GS（Goal-Plan-Do-Check）を子どもに教え、習得段階に移行していきます。

❷ 習得段階

実際に作戦を発見し、それを用いて練習することを繰り返す段階です。作戦が子どもにあっているかは、1回の試行で判断せず、何回か試行した上で判断します。また、大人はDPAを用いて繰り返し遂行の問題を分析することで、良い作戦をガイドできます。

宿題（発見した作戦を用いて練習するなど）を取り入れることや、ディスカッションを通して般化と転移を促すことも忘れないようにします。

❸ 検証段階

最終的に目標が達成されたかを確認することが大切です。再度COPMとPQRSを実施します。また、般化（異なる文脈でスキルを使用することができたか）・転移（異なる活動にスキルを応用することができたか）についても確認しましょう。

❷ セッションの構造

典型的なCO-OPは、10セッションで介入が構成されます。1回のセッションは約1時間で、頻度は1〜2週間に1回です。しかし、介入の回数は実践文脈に応じて変更してよいとされています。ただ、3つの段階（準備・習得・検証）は必ず確保してください。

1セッションで、二つの目標とする活動を取り扱うことが典型的です。場合によっては三つ取り扱うこともあります。それは、一つの活動だけで練習するとスキルの転移が確認できないからです。また「飽き」がき

てしまうことや、なかなか改善しない場合に「閉塞感」を感じてしまいます。そういった意味でも、複数の目標を並行して練習していくことがポイントです（Part3「CO-OP Q&A」P67参照）。

また、セッションの終盤には「宿題」について話すことや、セッションで行ったことを他の文脈でもやってみることを促すことが大切です。

3 道 具

子どもが学習しやすいよう、さまざまな道具を用いて実践を工夫することが大切です。たとえば、人形を用いる、発見した作戦を記録していく、さまざまな活動を行えるように必要な道具を用意しておく、などです。

本書ではCO-OPをより実践しやすくするために付録の「CO-OPマップ」「GPDCシート」「PQRSシート」「日常の活動記録表」（https://www.hanetama.net/co-opからダウンロード）、「CO-OP作戦図鑑」（Part 5、P141～参照）をつくりました。ぜひ活用して実践してください。

〔引用文献〕

1) Polatajko HJ, Mandich A: Enabling occupation in children: The Cognitive Orientation to daily Occupational Performance (CO-OP) approach. ON: CAOT Publications ACE, Ottawa, 2004.

2) ICAN；International Cognitive Approaches Network（https://icancoop.org）※CO-OPセラピスト認定機構。

3) Qui L, Su J, Ni Y, Bai Y, Zhang X, et al.: The neural system of metacognition accompanying decision-making in the prefrontal cortex. *PLoS Biol*, 16(4):e2004037, 2018.

4) Law M: COPM manual: Canadian Occupational Performance Measure 5th Edition revised. COPM Inc, 2019.

5) 吉川ひろみ：作業療法がわかる――COPM・AMPSスターティングガイド．医学書院, 2008.

6) 吉川ひろみ，齋藤さわ子：作業療法がわかる――COPM・AMPS実践ガイド．医学書院，2014.

7) Polatajko HJ, Mandich A, Martini R: Dynamic performance analysis: a framework for understanding occupational performance. *Am J Occup Ther*, 54(1): 65-72, 2000.

8) Martini R, Rios J, Polatajko H, Wolf T, McEwen S: The performance quality rating scale (PQRS): reliability, convergent validity, and internal responsiveness for two scoring systems. *Disabil Rehabil*, 37(3): 231-238, 2015.

9) Pressley M, Borkowski JG, Schneider W: Cognitive strategies: Good strategy users coordinate metacognition and knowledge. In R Vasta (Ed), Annals of child development, vol 4, pp.89-129, JAI press, London, 1987.

10) Fredrickson BL: Positive emotions broaden and build. *Adv Exp Soc Psychol*, 47: 1-53, 2013.

11) 塩津裕康，倉澤茂樹：応用行動分析学と作業療法―自閉症スペクトラム障害児に対する早期介入を中心に―．作業療法，39(1): 17-25, 2020.

Part **3**

CO-OP

Q & A

Cognitive Orientation to daily
Occupational Performance

Q1 CO-OP 開発の経緯は？

> 運動が不器用な子どものためのエビデンスに基づいたアプローチの必要性

　CO-OPは、カナダの作業療法士ヘレン・ポラタイコ（Helen Polatajko）によって開発されました。CO-OPの開発が始まったのは1990年代で、その対象は、発達性協調運動症（DCD）[注1] という、運動が苦手、いわゆる不器用な子どもたちでした（図1）。

　DCDは、2種類の運動スキルにおいて片方もしくは両方に困難があります。2種

ヘレン・ポラタイコ

類の運動スキルとは、**粗大運動**（走る・跳ぶといった全身運動やスキップ・縄跳び・楽器演奏といった組み合わせ運動）と**微細運動**（字を書く・ハサミを使う・ボタンを留めるといった手先の巧緻運動）です。この運

注1　発達性協調運動症（DCD）：Developmental Coordination Disorder

注2　遂行（Performance）とは、「活動を行うこと」です。作業療法士は、子どもにとって意味や目的がある活動（作業）を行うことを「作業遂行」と呼びます。

注3　エビデンス（Evidence）とは、研究によって実証された事実を意味します。さまざまなアプローチは研究によってその効果が検証され、臨床疫学の視点からその質が整理されます。

注4　学習とは、「行動や行動する能力の持続的な変化で、練習や経験によってもたらされる」ことを意味します。勉強でも学習という言葉を用いますが、運動能力の変化には「運動学習」という言葉を用います。

図1）発達性協調運動症（DCD）

動スキルの問題は発達早期に始まり、知的能力障害や視力障害、運動に影響を与える神経疾患（例：脳性麻痺、筋ジストロフィーなど）によるものではありません。そして、この運動スキルの問題は、作業遂行（日常生活・学校・就労・余暇・遊び、など）に長期にわたり影響を与えます。

　この不器用な子どもたちに対する従来のアプローチは「**障害の軽減**」に焦点をあてていました。つまり、不器用な子どもたちの未発達な筋力やバランス力などを向上させれば、目標が達成される、遂行[注2]が改善されると考えていました。しかし、さまざまなアプローチが開発され、研究されてきましたが、目標の達成や遂行の改善は困難であることがわかりました。

　そのため、ポラタイコたちは、**運動が不器用な子どものためのエビデンス**[注3]に**基づいたアプローチの開発に取り組みました**。そこで現代科学の進歩の上に開発されたのが「CO-OP」です。神経科学、学習理論、運動学習など現代科学のエビデンスを取り入れた結果、**CO-OPは「学**

1960年代〜
障害に焦点

パラダイムシフト

1990年代〜
学習に焦点

図2）アプローチの
　　パラダイムシフト

習」[注4]に焦点をあてたアプローチとなりました（図2）。

　最終的に、これまでに紹介したCO-OPの3つの中心原理である「子ども中心・遂行ベース・問題解決」の基盤理論として、運動科学領域から「運動学習と遂行」、行動・認知心理学領域から「学習理論（認知理論・

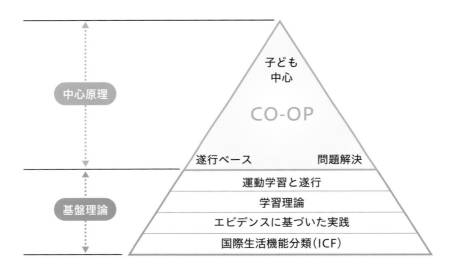

図3）CO-OPの中心原理と基盤理論[1]

行動理論）」、保健医療領域から「エビデンスに基づいた実践[注5]・国際生活機能分類（ICF）[注6]」を採用しました（図3）。

Q₂ どんな子どもが対象なの？

> 運動が不器用な子どもだけでなく、多様な障害（脳性麻痺や自閉スペクトラム症など）、幅広い年齢（子どもから高齢者まで）が対象です！

　CO-OPの効果を検証した結果、運動が苦手で不器用な子ども（DCD）に対して効果[注7]を示しました[3, 4]。その後、DCD以外の子どもたちでも応用研究が実施され、いくつかの成果が報告されています。たとえば、**自閉スペクトラム症、注意欠如・多動性症、限局性学習症など、発達障害に含まれる特性をもつ子どもたち**です。

　加えて、発達障害のみならず、**脳性麻痺の子どもたち**にも効果[注8]があることがわかってきました。つまり、麻痺による運動の困難さがあったとしても、CO-OPによって遂行の質や活動への参加を変化させていく

注7　発達性協調運動症（DCD）に対する効果：ここでいう効果とは、遂行の質や活動への参加レベルの改善です。ブランク（Blank）らの報告[3]では、DCD児に対する活動・参加レベルのアプローチとしては「エビデンスレベルA、推奨グレードA（実施を強く推奨する）」と判定されています。

注8　脳性麻痺児に対する効果：脳性麻痺児の目標達成に効果が示されています。ただ、脳性麻痺児の中でも、CO-OPが実施できる言語・認知の能力がある子どもが対象です。ジストニア（筋が不随意に動いてしまう）を伴う脳性麻痺児の報告があります。

ことができます[5]。これらのことにより、多様な特性をもつ子どもたち
でも、**他者と交流できるレベルの言語能力と認知能力**があればCO-OP
の対象となりえます。

　同様に、年齢に関しても他者と交流できるレベルの言語能力と認知
能力があれば、**幅広い年齢**を対象とすることができます。たとえば、
CO-OPは基盤理論に認知理論[注9]が組み込まれているため、「小学生以上」
の子どもたちが対象となりえると考えられてきました。しかし、「未就
学児（5歳児）」に対してCO-OPを実施したところ、その効果が確認で
きました。

　その他にも、脳卒中者、頭部外傷者、軽度認知症高齢者など、子ども
から高齢者まで幅広い方を対象とした研究報告があります[6-9]。CO-OPは、
障害・年齢を超えた汎用性のあるアプローチであるといえます。

注9　認知理論：学習理論に含まれる理論。認知（思考）によって、行動を変容していく
　　　考え方です。Q5もあわせて参照してください。

注10　クライエント：作業療法士は、作業療法の対象となる方を「クライエント」といい
　　　ます。それは、作業上の問題をもつ個人、集団などを対象とするからです。「患者」
　　　とはいいません。

Q3 なぜ子ども中心が重要？

> 運動学習に必要な「モチベーション」と「主体性」を引き出すため！

　まず、CO-OP は作業療法が基盤となっています。**作業療法は「クライエント中心主義」という哲学をもっています**。クライエント[注10]とは、作業療法の対象となる子どもや家族を指します。下記にカナダ作業療法士協会が提唱した「クライエント中心の実践における作業の可能化のための指針[10]」を示します。

クライエント中心の実践における作業の可能化のための指針

- 実践を可能な限り子どもの価値、意味、および選択に基づくものとする。
- 子どものビジョンに耳を傾ける。
- 何が可能であるか子どもが心に描く過程を促進する。
- 子どもがリスクと成果を検討するのを支援する。
- 子どもが成功するのを支援し、またリスクをとることや失敗にあたっても子どもを支持する。
- 変化への対処や変更を行うにあたって、子ども自身のスタイルを尊重する。
- 自分の視点からニードを明らかにするよう子どもを指導する。
- たとえ作業療法士が同意しなくても、子どもが意味があるとした

結果を選択するよう促す。

- セラピー、治療計画、および方針の作成において子どもが意思決定のパートナーとして参加するのを積極的に促し、鼓舞する。
- 選択を行う場合には、子どもの質問に答えるような情報を提供する。
- 官僚的な煩雑な手続きで子どもを当惑させないサービスを提供する。
- オープンで明瞭なコミュニケーションをはぐくむ。
- 子どもがその長所と自然な地域社会のサポートを利用するように勧める。

＊文章中のクライエントを「子ども」に変換しています

文献10より引用改変

　作業療法士は、常に子どもを中心におき実践することを大切にしています。なぜなら、子ども一人ひとりが唯一無二の存在であり、**子どもにとって大切なことは、子どもが一番知っている**からです。

　CO-OPでは「教える（大人）・教えられる（子ども）」といった関係性をとりません。目標に向かって練習する中で、**常に子どもの意見を尊重し、対等な関係性の上でやりとりを行い、子どもと大人が協働して取り組みます**。

　子ども中心哲学は、作業療法以外でも注目されています。たとえば、幼児教育領域[注11]において「レッジョ・エミリア市の乳幼児教育」[11]があげられます。レッジョでは、子どもを以下のようにとらえます。

注11　子ども中心の幼児教育：モンテッソーリ教育、シュタイナー教育、イエナプラン教育、ドルトン・プランなど、近年注目を浴びている幼児教育の共通項は「子ども中心」にあるととらえています。

1. 子どもは主人公である
2. 子どもは可能性にあふれている
3. 子どもは有能である
4. 子どもは研究者である
5. 子どもは市民である

　大人がもっている答えを子どもに押しつけている以上、このような子どものとらえ方はできないはずです。どの実践においてもまず、子どもとどう向き合うか、その関係性がとても重要になります。子どもの「やってみたい！」「自分でできた！」を育てたいのであれば、大人は脇役にまわり、子どもの探究心を満たせるように関わることが大切であり、子ども中心の実践の重要性が理解できると思います。

　また、子ども中心の実践は、子どもの**モチベーションや主体性**を大切にします。これはCO-OPの目的である**運動学習（スキル習得）において重要**であることがわかっています。高いモチベーションは、遂行の向上に影響を与え、さらには自身の能力も高められる可能性があります[12]。

　加えて、モチベーションを高めるための要因[注12]に主体性があります。モチベーションを高め、目標への注意を高めることにより、運動学習および遂行の質を高めるとされており[13]、子ども中心は運動学習（スキル習得）において重要であると言えます。

注12　モチベーションを高めるその他の要因として、目標志向、興味、自己効力感、結果期待、時間展望、課題価値、意思、内発的動機づけ、原因帰属、目標設定と自己反応、社会的動機づけ、性同一性、文化同一性、などがあげられます。

Q4 なぜ問題解決が必要？

＞ スキル習得には試行錯誤が重要！

> 子ども自身が発見できたかもしれないことを先回りして教えるたびに、その子どもの発見する機会が奪われ、結果として、そのことを完全に理解できないままになることを忘れてはいけない。
>
> （ピアジェ、1970）

　上記は発達心理学者であるピアジェ[注13]の言葉です。この言葉は、子どもの成長に対する大人の関わり方について、示唆に富んだ言葉だと思います。子どもが成長するには、**自身で試行錯誤して問題解決していく経験がとても重要**なのです。

　こういった学習方法を、ブルーナー[注14]は**発見学習**と呼びました[14]。発見学習とは、子どもの過去の経験に基づいて、取り組みたい課題やその環境とやりとりし発見することで、新たな知識を構築することをいいます。**子ども自身で発見することに学習の真髄**があるという立場です。

　ここに大人の効果的な関わりを加えると、**ガイドされた発見学習**と表現することができます[15]。ガイドされた発見学習は、子どもがその発見について研究し、アイデアを生み出す機会を提供することができます。

注13　ジャン・ピアジェ（Piaget J）：スイスの心理学者。発生的認識論の提唱者。認知発達段階は、子どもに関係する領域でよく用いられています。

注14　ジェームス・ブルーナー（Bruner JS）：アメリカの教育心理学者。発見学習の提唱者。

これは、哲学者であるデューイ[注15]が設立したでデューイ・スクール（シカゴ大学付属実験学校）の**問題解決学習**にも類似すると思います。いずれも、子どもの成長には、実際に試してみること、試行錯誤することの重要性を示しています。

　もちろん、子どもが困った時に、大人が手を差し伸べることも大切であることはわかっています。ただ、「学習」という観点においては、ピアジェが言うように、それは**子どもの学びの機会を奪う可能性**があることを、大人は念頭において、そのバランスを考えなければいけません。

Q5　なぜ認知ストラテジー？

> 効果的な認知ストラテジーの使用は、
> 遂行の質の向上に不可欠！

　トグリア（Toglia）ら[16]によると「認知ストラテジーとは、人が学習・問題解決・実行に用いる行動計画」と説明しています。そして、認知ストラテジーを使用することは、子どもの学習や問題解決、および効率性、スピード、精度、一貫性の観点から遂行を改善できます。

　認知ストラテジーは、すべての人が新たなスキルの習得や困難な活動に対処するために意識的・自動的に使用されます。CO-OPでは、この

注15　ジョン・デューイ（Dewey J）：アメリカの哲学者。プラグマティズムを代表する思想家です。教育哲学に精通しており、実験学校を設立。作業療法の基盤理論にも影響を与えています。

認知ストラテジーを**言葉にして行動を導く**ことを大切にしています。

心理学者のヴィゴツキー^{注16}は、小さい子どもが困難な課題を解決する時に、あからさまな**ひとり言**をすると指摘しています。そのひとり言は2種類あり、「**自己中心的言語**」と「**要約的言語**」です。前者は、子ども自身の言葉によって行動を調整することをいい、「行動前のひとり言」です。後者は、子ども自身がしていることや結果に対して、まとめや補足説明することをいい、「行動後のひとり言」です。これらひとり言は、年齢が進むにつれて内面化していくとされています。

ひとり言は、幼児期の間に増加・ピークを迎え、8〜10歳ごろにはほぼ消失する逆U字型の推移を示します[17]。また、簡単な課題より、困難あるいは新奇な課題のほうが、よりひとり言を用いることがわかっており[18]、言語を使用することで問題解決していることがわかります。

CO-OPと重ねてみると、自己中心的言語はGSの「Plan（計画）」、要約的言語はGSの「Check（確認）」です。言葉というのは、コミュニケーションツールであるとともに、「**思考（情報処理）ツール**」です。初期のCO-OPは、言語的セルフガイダンス^{注17}というアプローチ名でした。開発当初から、子どもが言葉を使用して、遂行が上達していくことを大切にしています。

注16　レフ・ヴィゴツキー（Vygotsky LS）：ロシア（ソビエト連邦）の心理学者。発達の最近接領域（ZPD：Zone of Proximal Development）の提唱者。

注17　言語的セルフガイダンス：Verbal Self Guidance

Q.6 どのように運動学習は進むの？

　子どもの運動学習を支援するCO-OPは、運動学習に関する知識にも下支えされています。フィッツ（Fitts）とポスナー（Posner）[19] は、運動学習のプロセスを3段階に整理しました（図4）。

1）認知段階（知識や方法を考えながら練習する段階）
2）連合段階（できていないことのみに焦点をあてて練習する段階）
3）自動化段階（自動的に遂行が行える段階）

　認知段階では、意識的に認知を用いて学習（顕在学習）し、試行錯誤を繰り返します。連合段階では成功度が上がり、自動化段階では無意識的に学習（潜在学習）し、遂行中の注意や努力の量は減少していきます。不器用な子どもたちは、認知段階や連合段階でつまずくことが多く、CO-OPでは「認知ストラテジー」を使用することで解決をめざします。

　その他にも、アダムス（Adams）[20] は、運動学習の段階を①言語―運動段階、②運動段階、の二段階に分け、ジェンタイル（Gentile）[21] は、①運動の知識を得る段階、②定着と多様化の段階、の二段階に分けています。いずれも、**運動学習初期には認知・言語を用いることが特徴**であることがわかります。CO-OPが認知ストラテジーや言語を積極的に用いることは、このような学習理論が背景にあるからです。

運動学習のプロセス

1	認　知
知識・方法を考えながら	

↓

1	認　知
知識・方法を考えながら	

2	連　合
できていないことのみに焦点	

↓

1	認　知
知識・方法を考えながら	

2	連　合
できていないことのみに焦点	

3	自動化
自動的に遂行される	

図４）運動学習のプロセス

Q7 大人（他者）の重要性って？

> 子どもには、「一人でできる範囲」と「大人（他者）がいる ことで行える範囲」がある！　大人とできる範囲は、その 後一人でできる範囲となっていく！

　認知心理学や教育心理学領域に多くの影響を与えた心理学者にヴィゴ ツキーがあげられる。彼は子どもの認知発達を、子どもと大人の社会的 相互作用の観点からとらえています。ヴィゴツキーの最も有名な理論に 「**発達の最近接領域（ZPD）**」[注18] があります。ZPDとは、子ども一人で は難しすぎるが、大人や熟練した仲間の援助によって習得し得る範囲を 指します（図5）。

できない

潜在的に
発達可能なレベル
（ZPD）

表現している
子どもの能力

図5）発達の最近接領域

注18　発達の最近接領域：Zone of Proximal Development

どうしても子どもの発達・成長を考える時に、子ども個人の変化に着目してしまいます。しかし、上記の理論からわかるように、子どもの成長には周囲の大人との相互作用が影響しています。つまり、子どもの成長にとって「いい大人になれるか」が重要課題です。

　では、いい大人とは何でしょうか？　いい大人はさまざまな視点で定義づけられると思いますが、CO-OPの文脈で言えば、**子どもの目標達成をサポートできる大人**となります。このような、子どもの問題解決に必要な情報や援助を加える学習支援、つまり問題解決の可能段階を「背伸び」させてあげられることを**足場かけ**[注19]といいます。大人は子どもの足場かけになってあげることが大切です。

Q8　どんな効果がある？

> 活動・参加レベルのアプローチとして高い効果があります！
　メタ認知・自己調整・自己効力感の発達へ

● **研究から得られたエビデンス**

　ブランク（Blank）ら[3)]は、2019年に発達性協調運動症（DCD）に対する診断、評価、介入などの推奨度についてまとめています。その結

注19　足場かけ：Scaffolding　ウッド（wood）ら[22)]によって提唱された概念で、子ども（学習者）が他者と共作業することにより、子どもだけでは計画が実行できない課題を行い、その経験から学ぶこととされています。

果、DCDの生活を改善[注20]するためのアプローチとしてCO-OPがあげられています。また、ノバック（Novak）とホーナン（Honan）[4]は、障害をかかえる子どもに対する作業療法の効果について検証[注21]しています。その結果、CO-OPは**DCDの運動面に対して最もエビデンスが高く、自閉スペクトラム症と脳性麻痺の運動面に対しても行うことを推奨されるレベル**であったとまとめています。

　最近では、CO-OPが「脳内のネットワーク」に与える影響についても検証され始めました[23]。脳は場所によって役割が分かれており、それぞれを結合することでさまざまな活動が行えます。DCDの子どもにCO-OPを行うと、次のような変化の報告があります。

---

❶ 「自己調整スキルの向上」の影響が考えられる変化[注21]
❷ 「スキルの転移」の影響が考えられる変化[注22]
❸ 「運動学習プロセスの自動化」の影響が考えられる変化[注23]

　このように、2000年代から積み重ねてきた研究結果は、さまざまな論文で認められています。その他の論文も知りたい方は、CO-OPセラ

注20　国際生活機能分類（ICF：International Classification of Functioning, Disability and Health）　世界保健機構（WHO）が提唱した、人間の生活機能を分類したモデル。分類は、①健康状態、②生活機能（心身機能・身体構造、活動、参加）、③背景因子（環境因子、個人因子）、からなり、それらの相互作用によって生活機能をとらえています。DCDの確認されている効果は、このICFでいう「活動・参加」にあります。

注21　「デフォルト・モード・ネットワーク（DMN）」と「右前帯状回（ACC）」の機能的結合が増加した結果から考察されています。

注22　CO-OP終了から3か月後、DMNとACCの結合性は維持されました。さらに「背側注意ネットワーク（DAN）」と「左中心前回」の機能的結合が増加した結果から考察されています。

注23　「DMN」と「小脳」の機能的結合が増加した結果から考察されています。

ピストを養成している ICAN；International Cognitive Approaches Network のホームページ（https://icancoop.org）をご参照ください。

● メタ認知・自己調整・自己効力感

CO-OP の効果の全体像を示します（図6）。CO-OP を行うと、自身の遂行を自己分析できる、ストラテジーの使い手になる、そしてスキル習得・目標達成が実現します。加えて、その先に以下の3つの成長が期待できます。

1	メタ認知[注23]	メタ認知とは、子どもが自身の思考や行動を認知する際に、自身を俯瞰し、客観的に把握し認識することです。
2	自己調整[注24]	自己調整とは、選択した課題、または目標の達成に向かって、自身（認知・情動・行動など）を調整する能力です。
3	自己効力感[注25]	自己効力感とは、選択した課題、または目標を実行する能力に対する自信のことです。

自身を客観的にとらえ、自身をコントロールし、自身をポジティブにとらえることができれば、子どもにとって意味のある日々の生活を実現し、障害の軽減にもつながることが期待できます。

注24　メタ認知：Metacognition
注25　自己調整：Self-regulation
注26　自己効力感：Self-efficacy

図6）CO-OPによる効果の概略図

Q9 応用実践の可能性は？

> 学校！ 集団！ 遠隔！……

● 学校 CO-OP

　教員が学校で生徒に対してCO-OPを用いることでメリットが得られることが期待されています[1]。クラス運営、学校で必要となるスキル習得に向けた教員の関わりなど、さまざまな活用法があるはずです。

　本書の「はじめに」でも述べましたが、予測困難な時代を生きる上で、教育も見直されてきます。OECD（経済協力開発機構）の「OECDエデュケーション2030プロジェクト」や「改定された学習指導要領」の内容からすると、**目標志向的に、主体的に問題解決しながら行動していくチカラ**を育むCO-OPは、今めざしている教育との相性がよいのではないかと考えています。

● 集団 CO-OP

　CO-OPの典型的な介入形態は、１対１の個別アプローチ。ですが、いくつかの研究において「集団CO-OP」の報告[24-26]があります。サマーデイキャンプや放課後のグループ活動などで実践されており、ほとんどが１グループ５〜６人です。

　CO-OPには、自己調整学習[注27]の要素が含まれています。自己調整学習とは、子ども自身でプランニングやモニタリングすることにより、認知・

行動・情動・モチベーションを調整し、目標を達成することです。ただ、**集団でCO-OPを実施することが可能であれば、共調整学習**[注28]**へと発展するでしょう。**つまり、一時的に子ども同士で助け合いながら学習を進めることができます。その結果、自己調整学習がさらに熟達するとされています[27]。

● 遠隔 CO-OP

まだまだ報告が少ないですが、遠隔CO-OPの実践例[28-30]があります。言語交流を基本としたCO-OPアプローチなので、遠隔でも実践が可能です。保護者がCO-OPの知識を身につけることで、それを用いて子どもが新しいスキルを習得することを手助けできることがわかっているため[23]、子育て支援にも活用されていくでしょう。

注27　自己調整学習：self-regulation of learning
注28　共調整学習：co-regulation of learning

Q_{10} CO-OP実践のお悩み

● **目標が見つからない時**

　子ども・大人にかかわらず、「あなたが今後したいことは何ですか？」「何かをする必要はありますか？」「だれかに期待されていることがありますか？」などと尋ねられても、明確に答えられない人もたくさんいると思います。さらに、インタビューはインタビュアーのスキルにも左右されますし、お互いの相性も影響するでしょう。

インタビューを通して、目標がなかなか見つからない場合の工夫をいくつか紹介します。

1）日々の活動を振り返る

子どもにインタビューする前に、典型的な日々の活動を振り返り、書き起こすことで、潜在的な問題を発見することができるかもしれません。子ども自身で記入できない場合は、子どものことをよく知っている周囲の大人が記入してもかまいません。日常の活動記録（図7）を用いながらインタビューすることで、子どもの目標を特定しやすくなります。

日 常 の 活 動 記 録

午前	7：00
	8：00
	9：00
	10：00
	11：00
午後	12：00
	1：00
	2：00
	3：00
	4：00
	5：00
	6：00
	7：00
	8：00
	9：00
	10：00

図7）日常の活動記録

２）イラストや写真を用いてインタビューする

　言葉のやりとりだけでは、潜在的にある目標にたどりつけないかもしれません。そのため、視覚的情報（イラスト・写真）を用いることで、思い出すきっかけになることが期待できます。

　たとえば、ADOC-S：Aid for Decision-making in Occupation Choice for Schoolがあります（図8）。68枚のイラストが設定されており、それらは「生活」「交流」「学校」「遊ぶ」の４つに分類されています。アプリケーションを購入すれば、iPad上で操作することができ、ホームページ（https://s.adocproject.com）からはADOC-S paper版がダウンロードできます。子どもと大人が一緒にイラストを眺め、会話しながら目標を特定していけることが特徴です。

食 事　　　　着替え　　　　読 書　　　　アウトドア

授 業　　　　図 工　　　　そうじ

ADOC-S
https://s.adocproject.com

図8）ADOC-S

　その他に、CO-OPの開発者は、PACS：Pediatric Activity Card Sortというツールを開発しています。これは、４つのカテゴリー（パーソナルケア／学校／生産・趣味／社会）からなる75枚の写真カードを用いて、

子どもにインタビューすることにより、子どもの目標を特定するものです。対象は5歳〜14歳であり、カナダ作業療法士協会のホームページ（https://www.caot.ca）から購入することができます。

● **作戦が見つからない時**

　CO-OPの成功に大きな影響を及ぼすことは、「子どもが効果的な作戦を発見できるか」です。しかし、特にはじめてCO-OPを行う子どもにおいては、作戦を立てること自体に困難が生じることもあります。その際には、以下のような対応策が考えられます。

1）**選択肢を提示する**

　Part 2でCO-OPにおける大人の関わり方を説明してきました。基本的に教えることはせず、質問によって作戦の発見を促すことを行います。しかし、質問によって作戦を発見することが難しい場面も多々あります。手立ての一つとして、「選択肢を提示する」ことが考えられます。たとえば、他の子どもが縄跳びをできるようになったとき、「○○作戦や○○作戦、○○作戦などを使って成功した子がいたよ！　使えそうな作戦はあるかな？」といった関わりです。

　ここでも重要なことは、選択肢を提示するだけで、最終的な意思決定は子どもにあるということです。決して教えたり押しつけたりすることはしません。

　このように、Plan（計画）―Do（実行）―Check（確認）を回すきっかけをつくってあげることにより、作戦を立てられなかった子どもから少しずつアイデアがうまれ、作戦を立てられるようになることを私は多々経験しています。

2) 作戦図鑑を活用する

上記のように、作戦の選択肢を提示するためにも、大人は作戦のストックをもつことや、作戦の種類を理解しておくことが必要であると考えています。そのため、Part 5（P141〜）にある作戦図鑑を活用することが、作戦が見つからない時の対応の一つになります。

活用方法はいくつか考えられると思います。一つは、「大人のアイデアづくり」です。大前提に、作戦は子どもの数だけ無限に存在します。ただ、それを引き出すためにはアイデアの種が必要です。子どもと関わる前に、作戦図鑑を眺めて、なんとなくアイデアの種を準備しておくことで、少し心に余裕が生まれ、創造的になり、子どもが作戦を発見することを導いていけると思います。

もう一つは、子ども自身も作戦を発見するきっかけづくりとして、作戦図鑑を眺めてみることもよいと思います。ただ、「自分オリジナルの作戦」を見つけることが目標であり、重要であることを大人は伝える必要があります。

● CO-OP マップの使用が難しい時

たとえば、小学校低学年や未就学の子どもなど、まだまだ情報処理が難しい子どもはCO-OP マップがうまく使えない場合があります。そのため、必要最低限の情報提示でCO-OPを進められるように、「GPDCシート」を作成しました（図9）。まずは、問題解決の枠組みを理解することが大切であり、グローバルストラテジー（GS）：Goal（目標）―Plan（計画）―Do（実行）―Check（確認）、を視覚化しました。

CO-OPは、人が目標に到達するために行う行為の連続（行為系列）に効果的であるといえます。ここで重要な機能の一つに「実行機能」が

あります。実行機能とは、目標に向かって自らの思考や行動を制御する認知機能のことです。実行機能は3歳ごろから急激に発達することが知られており、この認知発達の側面からみても未就学の子どもへのCO-OPの適応が期待されます。

　実際に、いくつか未就学児を対象としたCO-OPの報告はありますが、今後さらなる検証が必要です。それは、実行機能を含め認知機能や言語機能がまだまだ発達途中だからです。そのため、「GPDCシート」を用いて視覚的サポートすることで、子どもの目標が達成されることはもちろんのこと、実行機能などの認知機能の発達に貢献できればと思います。

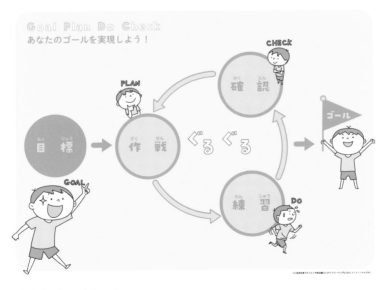

図9）GPDCシート

1) フィードバック

　運動学習を向上させるためにフィードバックはとても有効です。フィードバックは、「外在的」と「内在的」の 2 つに分けることができます（図10）。

　外在的フィードバックは、遂行に関する情報を周囲が子どもに提示するものです。提示する情報は、「結果の知識（KR）」と「遂行の知識（KP）」で提示することができます。結果の知識は遂行の結果に関する情報であり、遂行の知識は遂行の質やパターンに関する情報です。さらに、遂行の知識は「説明的遂行の知識」と「規範的遂行の知識」に分けることができます。

　説明的遂行の知識は、なぜ失敗が起こったのかについての情報であり、規範的遂行の知識は、失敗の原因とそれをどう修正するかについての情報です。また、説明的遂行の知識はスキルを学習した後の修正に有効であり、規範的遂行の知識は、スキル学習の早期段階で有効であるとされています。

　これらを使い分けてフィードバックすることは、運動学習にとって有効である反面、フィードバックを与えすぎることにより運動学習の支障になる場合があります。

　内在的フィードバックは、子ども自身で感覚および知覚から遂行の結果を得るものです。感覚にもいくつか種類があり、視覚フィードバック・聴覚フィードバックといった外環境の情報をとらえる「外受容感覚」もあれば、前庭覚フィードバック・固有受容覚フィードバックといった自分の体の状態をとらえる「内受容感覚」もあります。しかし、子どもはこれら内在的フィードバックを知覚することが難しい場合が多いです。

そのため、これらの感覚を知覚するための促しや環境調整も大切です。

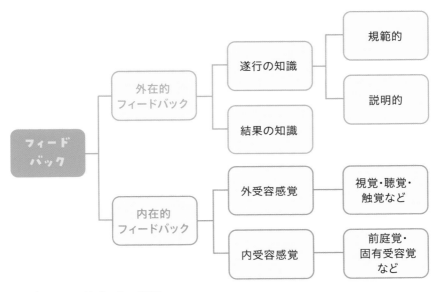

図10）フィードバックの種類

2）練習スケジュール

〔集中練習と分散練習〕

　これは練習と休憩のバランスです。集中練習は、1回の施行時間が休憩時間より長い練習です。一方で分散練習は、1回の試行時間が休憩時間と同じ、もしくは短い練習です。これらは課題の複雑度によって使い分けることができます。あまり複雑ではない単純な課題であれば「集中練習」が有効で、より複雑で工程の順序が決まっているような課題であれば「分散練習」が有効であるとされています。また、分散練習は体力を必要とする課題、動機づけが低い場合などでも効果的であるとされています。ADHDの特性をもつ子どもも多くの休憩や自由遊びの提供などが必要であると報告されています[31]。

〔ブロック練習とランダム練習〕

　これは練習の間隔です。ブロック練習は一定期間同じ練習を繰り返し行い、ランダム練習はランダムに間隔をおきながら練習します。最終的にスキルを定着させるためには「ランダム練習」のほうが効果的であることがわかっています。ただ、学習の早期段階はブロック練習のほうが

トピックス	練習の種類	内　容	
練習と休憩	集中練習	練習の時間が休憩より長い 例）10分練習して 　　5分休憩	練習 ＞ 休憩
	分散練習	練習の時間が休憩と同じか短い 例）5分練習して 　　10分休憩	練習 ≦ 休憩
練習の間隔	ブロック練習	同じ活動を繰り返し練習する 例）縄跳びを集中的に練習し、その後も書字→靴ひも結びと集中的に練習を進めていく	A-A-A-B-B-B-C-C-C
	ランダム練習	ランダムな順序で練習する 例）1回の練習の中で、縄跳び・書字・靴ひも結びをランダムに切替ながら練習する	A-C-B-B-C-A-B-C-A
練習の範囲	部分練習	課題をいくつかに分けて練習する 例）自転車の練習で、乗るだけ・こぐだけ・止まるだけ、など分けて練習する	活　動 A　B　C
	全体練習	課題を全体として練習する 例）自転車に乗る練習をする	活　動 A　B　C

効果的であるとされています。ブロック練習からランダム練習に変化を与えていくことを意識してください。

〔部分練習と全体練習〕

　部分練習は、課題をいくつかの部分（または工程）に分けて練習する方法です。全体練習は課題全体を通して練習する方法です。より複雑であり、長時間要する課題に関しては部分練習が効果的ですが、小さく分けすぎると課題全体としてのスキル習得に悪影響を及ぼす可能性があるため注意が必要です。また、困難な部分だけ部分練習し、その結果が全体に反映され、スキル習得を可能とすることもあります。

〔引用文献〕

1）Polatajko HJ, Mandich A: Enabling occupation in children: The Cognitive Orientation to daily Occupational Performance（CO-OP）approach. ON: CAOT Publications ACE, Ottawa, 2004.

2）Sackett DL, Rosenberg WMC, Gray JAM, Haynes RB, Richardson WS: Evidence based medicine: what it is and wat it isn't. *BMJ*, 312（7023）: 71-72, 1996.

3）Blank R, Barnett A, Cairney J, Green D, Kirby A, et al.: International clinical practice recommendations on the definition, diagnosis, assessment, intervention, and psychosocial aspects of developmental coordination disorder. *Dev Med Child Neurol*, 61（3）: 242-285, 2019.

4）Novak I, Honan I: Effectiveness of paediatric occupational therapy for children with disabilities: a systematic review. *Aust Occup Ther J*, 66（3）: 258-273, 2019.

5）Novak I, Morgan C, Fahey M, Finch-Edmondson M, Galea C, et al.: State of the Evidence Traffic Lights 2019: Systematic Review of Interventions for Preventing and Treating Children with Cerebral Palsy. *Curr Neurol Neurosci Rep*, 1-21, 2020.

6）Song, C.-S., Lee, O.-N., & Woo, H.-S: Cognitive strategy on upper extremity function for stroke: A randomized controlled trials. *Restor Neurol Neurosci*, 37: 61-70, 2019.

7）McEwen, S. E., Donald, M., Jutzi, K., Allen, K.-A., Avery, L., et al.: Implementing a function-based cognitive strategy intervention within inter-professional stroke rehabilitation teams: Changes in provider knowledge, self-efficacy and practice. *PloS One*, 14(3): e0212988, 2019.

8) Ahn, S.-N., Yoo, E.-Y., Jung, M.-Y., Park, H.-Y., Lee, J.-Y., et al.: Comparison of Cognitive Orientation to daily Occupational Performance and conventional occupational therapy on occupational performance in individuals with stroke: A randomized controlled trial. *NeuroRehabilitation*, 40(3), 285– 292, 2017.

9) Dawson, D., McEwen, S., Polatajko, H. J. (Eds.): Cognitive Orientation to Daily Occupational Performance in Occupational Therapy: Using the CO-OP Approach (TM) to Enable Participation Across the Lifespan. Bethesda: AOTA Press. 2017.

10) カナダ作業療法士協会（著）吉川ひろみ（監訳）：作業療法の視点—作業ができるということ—．大学教育出版，2000．

11) 森眞里：レッジョ・エミリアからのおくりもの—子どもが真ん中にある乳幼児教育—．フレーベル館，2013．

12) Stiensmeier-Pelster J. Heckhausen H: Causal attribution of behavior and achievement. In Heckhausen J. Heckhausen H.（Eds.) Motivation and Action. Cambridge University Press, New York, pp349-383, 2008.

13) Wulf G, Lewthwaite: Optimizing performance through intrinsic motivation and attention for learning: The OPTIMAL theory of motor learning. *Psychon Bull Rev*, 2016.

14) Bruner J.S. The act of discovery. *Harvard Educational Review*, 31:21–32, 1961.

15) Pressley M, Raphael AD, Dolezal S, Bohn C, Mohan L, et al.: Teaching processes in elementary and secondary education. In: Reynolds W.M, Miller G.E（Eds.) Handbook of psychology: Educational psychology Vol 7. Hoboken, NJ, John Wiley & Sons Inc, pp153-175, 2003.

16) Toglia JP, Rodger S, Polatajko H: Anatomy of cognitive strategies: a therapist's primer for enabling occupational performance. *Can J Occup Ther*, 79(4): 225-236, 2012.

17) Vygotsky LS: Thinking and speech. In Rieber RW & Carton AS（Eds.) Minick N（Trans.), The collected works of L.S. Vygotsky: Vol. 1. Problems of general psychology, New York Plenum, pp. 37-285, 1987.

18) Winsler A: Still talking to ourselves after all these years: A review of current research on private speech. In Winsler A, Frenyhough C, Montero I（Eds.). Private speech, executive functioning, and the development of verbal self-reguration, New York: Cambridge University Press, pp.3-41, 2009.

19) Fitts PM, Posner MI: Human performance. Belmot, Brooks/Cole, 1967.

20) Adams JA: A closed-loop theory of motor learning. *J Mot Behav*, 3: 111-149, 1971.

21) Gentile AM: A working model of skill acquisition with application to teaching. *Quest*, 17(1): 3-23, 1972.

22) Wood D, Jerome S, Bruner, Ross G: The role of tutoring in problem solving. J Child Psychol Psychiat, 17: 89-100, 1976.

23) Izadi-Najafabadi S, Rinat S, Zwicker JG: Brain functional connectivity in children with developmental coordination disorder following rehabilitation intervention. *Pediatr Res*, 2021. (Online ahead of print)

24) Martini, R, Mandich, A, Green, D: Implementing a modified cognitive orientation to daily occupational performance approach for use in a group format. *Br J Occup Ther*, 77(4): 214-219, 2014.

25) Anderson L, Wilson J, Williams G: Cognitive Orientation to daily Occupational Performance (CO-OP) as group therapy for children living with motor coordination difficulties: An integrated literature review. *Aust Occup Ther J*, 64(2): 170–184, 2017.

26) Anderson L, Wilson J, Carmichael, K: Implementing the Cognitive Orientation to daily Occupational Performance (CO-OP) approach in a group format with children living with motor coordination difficulties. *Aust Occup Ther J*, 65(4), 295–305, 2018.

27) Zimmerman BJ, Schunk DH: Handbook of self-regulation of learning and performance. Taylor & Francis, 2011.

28) Ng EMW, Polatajko HJ, Marziali E, Hunt A, Dawson DR: Telerehabilitation for addressing executive dysfunction after traumatic brain injury. *Brain Inj*, 27(5), 548–564, 2013.

29) Yosef BA, Jacobs JM, Shenkar S, Shames J, Schwartz I, et al.: Activity performance, participation and quality of life among adults in the chronic stage after acquired brain injury – The feasibility of an occupation-based telerehabilitation intervention. *Front Neurol*. 10(1247): 1-17, 2019.

30) 塩津裕康，奥津光佳，倉澤茂樹：読み書きが苦手な子どもに対する Cognitive Orientation to daily Occupational Performance（CO-OP）を基盤とした遠隔作業療法．作業療法，40（1）；72-78, 2021.

31) Gharebaghy S, Rassafiani M, Cameron D: Effect of cognitive intervention on children with ADHD. *Phys Occup Ther Pediatr*, 35(1): 13-23, 2015.

Part **4**

CO-OP
ケーススタディ

Cognitive Orientation to daily
Occupational Performance

自転車に乗れる 1年生になりたい！

主人公：レンくん（小学校1年生）

　レンくんは小学校1年生の男の子です。小学校では特別支援学級に在籍しています。4歳の時に発達性協調運動症と注意欠陥・多動症の診断を受けています。

　家族はレンくん、弟、そして両親の4人暮らしです。レンくん・両親ともに「不器用さ、スキルの習得の遅さ」を心配していました。そして、なによりレンくんは「小学生になったから自転車に乗れるようになりたい！家族や友達と自転車で出かけてみたい！」という想いがありました。

　そのため、放課後等デイサービス（頻度：約1か月に1回、40分／回）でCO-OPアプローチを受けることになりました。

❶ COPM

　まずは、レンくんとお母さんと作業療法の3名で話し合うことから　始めました。話し合いは作業療法士がCOPMを用いながら進めていきました。

　作業療法士が「レンくんがここでしたいこと、挑戦してみたいこととかはある？　なんでもいいから教えて」と尋ねると、レンくんは「自転車に乗れるようになりたい！」と開口一番に話しました。お母さんも「幼稚園の時から練習はしているんですが、なかなか乗れなくて…最近では練習すること自体億劫になっている次第です…」と話されました。

　次に作業療法士は「他になにかできるようになりたいこととかあるかなぁ？」と尋ねると、お母さんが「縄跳びもなかなかできないんです…ねぇ、レンくん」と話し、レンくんは「うん…縄跳び苦手…」と暗い表情で話しました。幼稚園の時から縄跳びが苦手だったそうで、体育の授業で実施することもわかっていたようです。作業療法士は「じゃあ、縄跳びもできるように頑張ろっか！」と声をかけ、レンくんは「うん！　頑張る！」と返事しました。

　さらに、作業療法士が他の活動について尋ねていくと「マット運動（前転）」も苦手なことがわかりました。縄跳びや前転は、体育の授業中にみんなの前で実施しなければいけないこともあり、恥をかきたくないという想いがあったそうです。お母さんもとても心配していたため、①自転車に乗れるようになる、②縄跳び（前回し跳び）ができるようになる、③前転ができるようになる、ことを目標にすることをレンくん・お母さん・作業療法士で決めました。

❷ PQRS・DPA

「自転車」

　話し合いでお母さんから語られていたように、レンくんはペダル付き自転車（以下　自転車）に乗ることに恐怖心がありました。そのため、まずはペダル無し自転車（以下　バランスバイク）から始めることにしました。ひとまず、20m程の直線距離を一人で乗れることをこの日の目標にしました。レンくんはバランスバイクにまたがり出発しようとしましたが、少し怖い様子で作業療法士に「サドルを持ってて…」と依頼しました。作業療法士がサドルを持ち、バランスバイクを走らせると、右に左にふらついて、サドルをしっかり支えていないと転びそうなくらいでした。この様子から、作業療法士はPQRSを1点と評定しました。

　DPAでは、1）モチベーションは問題なし、2）活動の知識も問題なし…問題は3）遂行能力でした。バランスバイクに一人で乗るという活動はレンくんにとって要求が高いものでありましたが、やはりレンくんのバランスバイクに乗る能力の低さは明らかでした。その能力とは、a）体をまっすぐ保てない、b）足の動き（蹴り）がバラバラ、c）進行方向を見続けていない（常に下方を見ている）、などが分析できました。

「縄跳び」

　縄跳びでは、まずは10回連続前回し跳びができるようになりたいとレンくんは思っていました。しかし、実際には連続2回が精一杯でした。作業療法士はPQRSを2点と評定しました。

　DPAでは、1）モチベーションは問題なし、2）活動の知識も問題なし、3）遂行能力に問題ありでした。環境としては使い慣れた適切な長さの縄跳びを使用していたため、環境からの支援は十分であったと分析できます。しかし、10回連続前回し跳びという活動は、レンくんにとって高い要求で

した。さらに、レンくんの能力の低さも遂行に影響を与えていました。その能力とは、a）縄を肩で回している、b）右手と左手の動きがバラバラ、c）力みすぎてすぐにバテてしまう、d）姿勢がどんどん前かがみになってくる、e）跳ぶ位置が一定でない（ズレていく）、などが分析できました。

「前　転」

　前転（マット運動）では、頭のてっぺんをマットにつけてしまうので、足は持ち上がるが前転することができず、勢いだけで前転しようとすると右側に倒れてしまいました。レンくんはまっすぐ前転できるようになりたいと思っています。作業療法士はPQRSを4点と評定しました。

　DPAでは、1）モチベーションは問題なし、2）活動の知識も問題なし、3）遂行能力に問題ありでした。その能力とは、a）体を丸められず頭頂をマットにつけてしまう、b）十分に手をマットにつくことができない、などが分析できました。

目　標	COPM 重要度	遂行度 ① 介入前	遂行度 ② 介入後	満足度 ① 介入前	満足度 ② 介入後	PQRS 介入前	PQRS 介入後
自転車に乗れる	10	5	10	1	10	1	10*2
縄跳びができる	8	5	10	3	10	2	10*2
前転ができる	8	5	10	3	8	4	8*2

COPM
　遂行の変化　＝　遂行スコア②10.0　－　遂行スコア①5.0　＝　5.0*1
　満足の変化　＝　満足スコア② 9.3　－　満足スコア①2.3　＝　7.0*1

＊1：COPMでは遂行度・満足度ともに"2点以上"向上すれば確実に変化したといえます
＊2：PQRSは"3点以上"の変化が目安になります

❶ 各目標に対するDSS

「自転車」

　レンくんは「自転車に乗れるようになりたい！」という目標をもっていました。しかし、恐怖心もあり、自転車の練習をすることが難しい状況でした。そのため、レンくんと作業療法士で話し合いながらいくつかステップを設けて進めていきました。そのステップは、1）バランスバイク（平地）、2）バランスバイク（下り坂）、3）自転車、です。

1）バランスバイク（平地）

　レンくんと作業療法士は、iPadで撮影した動画を見ながら作戦会議を行いました。作業療法士は、「どうすれば一人で乗れるかな？」とレンくんに質問するも「うーん…わからん」と返答がありました。そのため、作業療法士が「じゃあ、足はどうなってる？」と尋ねると「動きがバラバラだね…」とレンくんは気づくことができました。さらに、作業療法士は「じゃぁ、どんな作戦がいいだろう？」と尋ねると「みぎ・ひだり作戦…!?」とレンくんは作戦を発見することができました。さっそく、その作戦を使用しながら練習すると、一人で乗り続けることができました。

2）バランスバイク（下り坂）

　別の日、今度は下り坂でバランスバイクに乗り続ける（できるだけ地面に足をつかない）ことに挑戦しました。乗り続けるための作戦会議で「足ピーン作戦（両足を伸ばし続ける）」を発見しました。その結果、足が地面につく回数は減っていき、作戦をあまり意識しなくても乗れるようになりました。最終的には、30m程度の下り坂を一度も足を地面につけることなく、

乗り続けることができるようになりました。この日、自転車に乗り続けることができるようになったため、宿題として「もう一度自分の自転車に乗って練習してみる」ことを設定しました。また、宿題としての練習は、まずは下り坂で自転車に乗り続ける、そしてペダルをこぐことを付け足し、平地で走行することとしました。

3）自転車

　レンくんはお母さんと、CO-OPの宿題として久々に自分の自転車に乗る練習をしてみました。まずは、下り坂で乗ってみました。バランスバイクで習得したスキルを応用し、いざ乗ってみると自転車に乗れることがわかりました。少しずつ、ペダルをこぐことも付け加えることができました。ただ、こぐスピードが遅かったため、途中で止まってしまうこともありました。そのため、もう一度作戦を考え発見したのが「みぎ・ひだり作戦」です。バランスバイクで地面を蹴る際に用いた作戦が、ペダル動作にも応用可能であることを発見しました。

「縄跳び」

　縄跳びの動画を見ながら、レンくんと作業療法士は作戦会議を進めました。作業療法士が「腕はどうなってるかな？」と尋ねると、レンくんは「体から離れているなぁ」と腕の位置づけについて気づくことができました。さらに作業療法士は「じゃあ、どんな作戦がいいかな？」と尋ねると、「もっと近づける。脇しめ作戦や！」と作戦を発見し、「10回連続前回し跳びする」ことが可能となりました。

「前　転」

　前転についても、動画を見ながら作戦会議をしました。前転している際、レンくんは自分がどのようになっているのかわかっていなかったようで「もっ

と丸まらないといけないね！」と言いました。ただ丸まるという意識だけでは難しく、なにか動作のイメージが必要でした。レンくんと作業療法士の会話の中でいきついたのが「ダンゴムシ作戦」でした。ダンゴムシのコロコロ丸まる・転がることをイメージしながら実施しました。その結果、頭がマットに着く位置の改善につながり、まっすぐ前転することができるようになりました。

❷ ガイドされた発見・可能化の原理

　作業療法室で習得したスキルおよび使用した作戦は、自宅・学校で使用することまで話し合いました。また、お母さんも自宅で練習する時は「できるだけ本人に発見を促す」「動画を用いて一緒に分析する」ことを取り組んでくれました。

目　標	DSS分類	使用したDSSの例
自転車に乗れる	1. 動きの覚え方	1. バランスバイクで足で地面を蹴るために「みぎ・ひだり」と言いながら行う
	2. カラダの位置づけ	2. 下り坂をバランスバイクに乗り続ける（足を地面につけない）ために「足ピーン作戦（両足を伸ばす）」を使う
	3. 動きの語呂合わせ	3. 自転車のペダルをこぐために「みぎ・ひだり」と言いながら行う
縄跳びができる	1. カラダの位置づけ	1.「脇しめ作戦（腕を体につける）」を使う
	2. カラダの位置づけ	2.「つま先で跳ぶ作戦」を使う
前転ができる	1. 動きのイメージ	1.「ダンゴムシ作戦（体を丸める）」を使う

　発見した作戦を使用し練習したことにより、自転車は舗装された道路、砂利道、上り坂でも乗ることができるようになり、自転車で近所に出かけることもできるようになりました（PQRS：1→10）。また、縄跳びの前回し跳びは10回以上できるようになり、体育で実施される縄跳びが億劫ではなくなりました（PQRS：2→10）。最後に、前転（マット運動）ができるようになり、それは体育に活かされていきました（PQRS：4→8）。

　また、レンくんの中でもこの上達は、遂行度・満足度ともに向上する変化であることがわかりました。なかでも、「自転車に乗れる1年生になれた」ということはとても大きな自信につながりました。

ま と め

レンくんのCO-OPでは、以下のポイントがあげられます。

❶ **段階づけ**：1つ目のポイントは、自転車における段階づけです。目標とする活動によっては、難易度が高すぎることがあります。その際は、活動・環境からの要求やサポートをうまく変化させていくことも大切です。子どもと相談しながら、どれくらいからなら始められるか、そしてクリアしたら次はどれくらい難しくするかを決めていくことも1つのテクニックになります。

❷ **母親の参加**：2つ目のポイントは、お母さんが積極的に参加してくれたことです。作業療法室だけで成功しても全く意味がありません。子どもが暮らす世界でも成功する必要があります。その架け橋になり得るのが

保護者の参加です。さらに、宿題を通して、お母さんのレンくんへの関わり方が非常に上達されました。それは、そのまま子育ての引き出しとなっていきました。

❸ **目標達成による自己効力感の育ち**：3つ目のポイントは、自己効力感が育まれたことです。多くの子どもが習得する活動ができるようになるということは、自己効力感に大きく影響を与えます。その結果、1つの成功が他のチャレンジにつながっていきます。

　それだけでなく、子ども同士の関係性をも向上させることが確認されています。特に、今回は「自転車」が乗れるようになりました。子どもの移動手段は徒歩から始まり、自転車、公共交通機関と成長とともにバリエーションが増えていきます。これらは、子どもの移動範囲に大きく影響を与えるとともに、交友関係にも影響していきました。

化粧ができる女性になりたい！

主人公：ナナコさん（高校3年生）

　ナナコさんは特別支援学校高等部3年生の女性です。ナナコさんは脳性麻痺の診断を受けていて、普段は車椅子を使用しています（表1）。

　ナナコさんは「外出やファッションに興味がある！　将来会社に出勤することを考えて自分で上手にお化粧ができるようになりたい！」という想いがありました。

　そのため、CO-OPを通してスキル習得・目標達成に取り組むのですが、ナナコさんと取り組んだのはCO-OPを学んだ特別支援学校の教諭でした。二人は週1回の自立活動という授業（頻度：1週間に1回、45分間／回）のなかでCO-OPを実施しました。

表１）ナナコさんの各種機能等の情報

運動機能	粗大運動能力分類システム（GMFCS）レベルIII 手指操作能力分類システム（MACS）レベルII
認知機能	WISC-IV　全検査IQ：69 　　　　　言語理解：88 　　　　　知覚推理：68 　　　　　ワーキングメモリ：82 　　　　　処理速度：58
適応行動	Vineland-II適応行動尺度　　適応行動総合点：59点 　　　　　　　　　　　　　　コミュニケーション：80点 　　　　　　　　　　　　　　日常生活スキル：57点 　　　　　　　　　　　　　　社会性：67点 ＊参考　運動スキル：粗大運動30点、微細運動69点
制　度	身体障害者手帳一種１級

検査の説明

● 粗大運動能力分類システム（GMFCS）

　脳性麻痺児（18歳まで）の粗大運動能力障害の重症度を分類するシステムです。粗大運動能力（座位や移動能力）と必要な援助量、使用する器具類（杖や車椅子など）によって５つのレベルに分類することができます。

レベルI：日常生活の移動に制限がない。手すりを使わずに階段昇降が可能である。

レベルII：長距離移動、凸凹のある道、傾斜のある地形、人混みの中の歩行などに困難を伴い、杖や車椅子を使うことがある。階段強行には手すりが必要である。

レベルIII：歩行器を使えば平坦な場所を歩くことができるが、主な移動手段は車椅子となる。屋外では電動車椅子を使用することも多い。

レベルIV：自分で車椅子を操作して移動する能力は制限されており、多くの場面で自力移動には電動車椅子が必要である。介助者に車椅子を押してもらって移動することも多い。

レベルV：車椅子では身体を安定させるための付加的なパーツが必要で、介助者に車椅子を押してもらって移動する。

● 手指操作能力分類システム（MACS）

　脳性麻痺児（4〜18歳）の物や道具を操作する手指操作能力の重症度を5段階で分類するシステムです。

レベルI：対象物の取り扱いが容易にうまく成功する。

レベルII：対象物の取り扱いは大抵のもので達成できるが、上手さ、速さという点で少し劣る。

レベルIII：対象物の取り扱いには困難が伴うため、準備と課題の修正が必要となる。

レベルIV：かなり環境調整した限定した場面で簡単に取り扱えられるような物であれば
　　　　取り扱うことができる。
レベルV：すごく簡単な動作さえも困難である。

● WISC-IV

　5歳0ヶ月〜16歳11ヶ月の子どもを対象に、全般的な知的能力の水準を評価する評価法です。基本検査10種類および補助検査5種類で構成され、全般的な知的能力（全検査IQ）と4つの下位能力（言語理解、知覚推理、ワーキングメモリ、処理速度）を算出することができます。

● Vineland-II適応行動尺度

　対象者（0〜92歳）の適応行動を面接評価（半構造化面接法）によって評価する方法です。適応行動とは、個人的、社会的充足に必要な日常生活の能力のことを指します。コミュニケーション領域（受容言語、表出言語、読み書き）、日常生活スキル領域（身辺自立、家事、地域生活）、社会性領域（対人関係、遊びと余暇、コーピングスキル）、運動スキル領域（粗大運動、微細運動）の4つの適応行動領域で構成されています。

準 備 段 階

❶ COPM

　ナナコさんと教諭は、COPMを用いて話し合いを始めました。高校3年生のナナコさんは、卒業後についていくつか考えていることがありました。たとえば、自分にあった仕事を見つける、銀行を利用できるようになる必要がある、電車を利用して移動すること、などでした。なかでも「オシャレをすること。化粧ができるようになること」をとても重要だと思っていたのです。そのため、特別支援学校の自立活動の授業の中で、化粧の練習に取り組むことを決めました。

　化粧といってもいくつかの工程があり、中でも3つの工程に焦点をあてることにしました。それは、1）下地の塗り方を覚える、2）アイシャドウ（まぶた）を塗る、3）アイシャドウ（涙袋）を塗る、でした。

「下地の塗り方を覚える」

　まず、下地を塗ることから始めてみました。しかし、下地クリームの塗る量が多く、塗り方にムラがある状態でした。この様子から、教諭はPQRSを2点と評定しました。

　DPAでは、1）モチベーションは問題なし、2）活動の知識も問題なし、3）遂行能力に問題がありました。その能力として、a）下地の塗る量がわかっていない、b）塗り方がぎこちなく顔全体に塗り広げることが難しい、などが分析できました。

「アイシャドウ（まぶた）を塗る」

　次に、アイシャドウ（まぶた）を塗ってみました。しかし、塗ることはできましたが、色が非常に濃くなってしまいました。この様子から、教諭はPQRSを2点と評定しました。

　DPAでは、1）モチベーションは問題なし、2）活動の知識も問題なし、3）遂行能力に問題がありました。その能力として、a）適切な量を塗ることができない、b）塗る際の手の動きがぎこちなく綺麗に塗れない、などが分析できました。

「アイシャドウ（涙袋）を塗る」

　最後に、アイシャドウ（涙袋）を塗ってみました。しかし、塗ることはできましたが、色が非常に濃くなってしまいました。この様子から、教諭はPQRSを2点と評定しました。

　DPAでは、1）モチベーションは問題なし、2）活動の知識も問題なし、3）遂行能力に問題がありました。その能力として、a）適切な量や色を

判断することが難しい、b）塗る際の手の動きがぎこちなく綺麗に塗れない、などが分析できました。

❸ GS を伝える

教諭は、ナナコさんに GS を伝えるために、ワークシートを自作し、それを活用して CO-OP を進めていきました。

目　標	重要度	COPM 遂行度 ① 介入前	遂行度 ② 介入後	満足度 ① 介入前	満足度 ② 介入後	PQRS 介入前	PQRS 介入後
下地の塗り方を覚える	10	5	7	4	7	2	9*2
アイシャドウ（まぶた）	10	2	8	1	9	2	9*2
アイシャドウ（涙袋）	10	2	7	1	8	2	8*2

COPM
　　遂行の変化　=　遂行スコア②7.3　-　遂行スコア①3.0　=　4.3*1
　　満足の変化　=　満足スコア②8.0　-　満足スコア①2.0　=　6.0*1

＊1：COPM では遂行度・満足度ともに"2 点以上"向上すれば確実に変化したといえます
＊2：PQRS は"3 点以上"の変化が目安になります

習得段階

❶ 各目標に対する DSS

ナナコさんと教諭は、各目標を達成するための作戦会議を実施しました。作戦（DSS）を考える際は、ナナコさんが化粧をする様子を iPad で撮影し、そのビデオ観察も活用しました。また、学校以外でもお母さんに化粧を上

手になるためにはどうしたらよいか質問したり、YouTubeで化粧関連の動画を見たりしながら作戦を考えました。

　下地を塗るための作戦は、1）下地を出す量を指の第一関節くらいにする、2）顔の広い面は掌を使う、3）鼻や口周りなどの細かいところはメイク用パフを使って下地を塗る、を発見しました。

　まぶたにアイシャドウを塗るための作戦は、1）アイシャドウを塗る色の順番（濃い色→2番目に薄い色→薄い色）と塗る範囲を覚える、2）アイシャドウブラシの側面と先端を使って塗る、3）塗る時は下を向き折り畳みミラーを手に持つことで目にアイシャドウが入ることを防ぐ、を発見しました。

　涙袋にアイシャドウを塗るための作戦は、1）まぶたにアイシャドウを塗った時とは逆の順番で涙袋にアイシャドウを塗る、2）綿棒を使って、眼球に近いところから一色ずつ塗る、3）アイシャドウがつきすぎないように綿棒でアイシャドウをつけたらティッシュに綿棒の先端をつけて量を調整する、を発見しました。

❷ 教諭が用いたガイドされた発見・可能化の原理

　教諭は、ナナコさんの発言を紙にメモしながら作戦会議を進めました。その上で、「どうやったら下地を塗る時にムラにならずに塗れると思う？」「アイシャドウをグラデーションになるように塗るにはどうしたらいいと思う？」など、効果的な質問をすることで作戦の発見を促しました。また、よい作戦を発見したり、作戦通り実行できた際は「そのやり方いいね！」と強化していきました。

　ナナコさんは、自宅でも授業内で発見した作戦を用いながら練習・復習をしました。その際に化粧をする様子を家族にみせ、時にはお母さんに相談することもありました。そして、次の授業でメイクを始める前に、自宅でどのような復習をしたか教員に毎回報告しました。

目　標	DSS分類	使用したDSSの例
下地の塗り方を覚える	1. 知識の補足 2. カラダの位置づけ 3. 活動・環境の明確化／修正	1. 下地を出す量を指の第一関節くらいにする 2. 顔の広い面は掌を使う 3. 鼻や口周りなどの細かいところはメイク用パフを使って下地を塗る
アイシャドウ（まぶた）	1. 手順の覚え方 2. 手順の覚え方 3. 活動・環境の明確化／修正	1. アイシャドウを塗る色の順番（濃い色→2番目に薄い色→薄い色）と塗る範囲を覚える 2. アイシャドウブラシの側面と先端を使って塗る 3. 塗る時は下を向き折り畳みミラーを手に持つことで目にアイシャドウが入ることを防ぐ
アイシャドウ（涙袋）	1. 手順の覚え方 2. 手順の覚え方 3. 活動・環境の明確化／修正	1. まぶたにアイシャドウを塗った時とは逆の順番で涙袋にアイシャドウを塗る 2. 綿棒を使い眼球に近いところから一色ずつ塗る 3. アイシャドウがつきすぎないように綿棒でアイシャドウをつけたらティッシュに綿棒の先端をつけて量を調整する

検証段階

　発見した作戦を使用し練習したことにより、1）下地はムラなく塗ることができるようになり（PQRS：2→9）、2）まぶたのアイシャドウはブラシ・ティッシュで量を調整することによりグラデーションになり（PQRS：2→9）、3）涙袋のアイシャドウは綿棒を使うことにより均等に塗ることができるようになった（PQRS：2→8）。

　また、ナナコさんの中でもこの上達は、遂行度・満足度ともに向上する変化であることがわかりました。学校でメイクを実施する場面のみでなく、自宅という異なる文脈においてもスキルを発揮することができ、巧みに道具を使用する作戦は、下地を塗ることからアイシャドウを塗ることに応用していくことができました。これは、スキルが般化・転移した結果であると考えられました。

ナナコさんのCO-OPでは、以下のポイントがあげられます。

❶ 教諭と生徒：1つ目のポイントは、特別支援学校の授業（自立活動）の中で、教諭と生徒がCO-OPを用いてスキル習得と目標達成に至ったことです。CO-OP用語にはいくつか難しいものもでてきますが……実践においては「難しい言葉を使わなくても実践できる」ように開発されています。作業療法士以外の方が使用することにも利点があり、この実践はその可能性を示してくれたと思います。

❷ 動きの不自由さ：2つ目のポイントは、身体の不自由さを抱える方への効果です。CO-OPは、DCD児に対するアプローチとして開発されました。つまり、明らかな運動麻痺はないが、不器用である子どもの運動スキルの習得がターゲットでした。しかし、ナナコさんのように、運動麻痺があり普段車椅子を使用していても、CO-OPを用いることでスキルを習得し、目標を達成できるのです。

❸ 認知機能：3つ目のポイントは、認知機能に対するCO-OPの適応についてです。CO-OPは言語・認知の活用に重点を置くアプローチのため、「どれぐらいの方に対してCO-OPは適しているのか」という部分がジレンマとなります。この適応の問題に関しては、現状ある評価指標にカットオフ値を設けて適応を判断するようなものはありません。「言語機能・認知機能がシビアではないこと」という程度に留まっています。

　ただ考えなければいけないことは、CO-OPは相互交流的アプローチです。つまり、子ども側の問題だけではないということです。子どもの言語・認知機能レベルにあわせて大人は実践していくことがとても重要です。ナナコさんは、WISC-Ⅳで全検査IQ69でした。しかし、CO-OPで効果を出せたのは、教諭の効果的な関わりがあったからです。

縄跳びが跳べるようになりたい！

主人公：タロウくん（小学校3年生）

タロウくんは小学校3年生の男の子です。小学校では特別支援学級に在籍しています。発達性協調運動症と自閉スペクトラム症の診断を受けています。家族構成は、タロウくんと両親の3人暮らしです。

タロウくんは「縄跳びが苦手で困っている…毎年冬にある縄跳び大会が嫌で仕方ない」と思っていました。そのため、放課後等デイサービス（頻度：約1か月に1回、40分／回）でCO-OPアプローチを受けることになりました。

認知機能	WISC-Ⅳ	全検査IQ：92 言語理解：109 知覚推理：82 ワーキングメモリ：100 処理速度：81

WISC-Ⅳ（P113参照）

① COPM

　まず、作業療法士はCOPMを用いて、タロウくん・お母さんと話し合いを実施しました。はじめにタロウくんが「縄跳びが苦手です…」と話してくれました。作業療法士が「そっかぁ…体育でしているの？」と尋ねるとタロウくんが「体育でしたり、冬に縄跳び大会もありました…」と話しました。作業療法士が「じゃぁ、縄跳びを取り組んでみようか！」と話すとタロウくんは笑顔で「うん！」と答えました。お母さんが「この子はとても不器用で手先を使うこともとても苦手なようです。字を書くことやハサミを使用することが大変そうです」と話されました。この話を受けて、作業療法士はタロウくんに「お母さんは字を書くことやハサミを使うことも上手になってほしいと思っているけど、タロウくんはどう思う？」と尋ねると「僕も名前の漢字を書けるようになりたいと思うし、ハサミも頑張ってみたい！」と返答し、①縄跳び、②漢字で名前が書ける、③ハサミ、の3つを目標にしました。

② PQRS・DPA

「縄跳び」

　まずは、縄跳びに関する目標を話し合いました。タロウくんは「10回連続跳ぶ」ことを目標にしたいと言いました。しかし、実際に縄跳びをすると1回しか跳ぶことができませんでした。この様子から、作業療法士はPQRSを2点と評定しました。

　DPAでは、1）モチベーションは問題なし、2）活動の知識も問題なし、3）遂行能力に問題がありました。環境としては、長さの調整された普段使用している縄跳びを使用していたため、環境からの支援は十分であったと分

析できます。しかし、10回連続前回し跳びという活動は、タロウくんにとって高い要求でした。さらに、その遂行能力の問題とは、a）肩で縄を回す、b）ジャンプのタイミングが遅い、c）着地位置がバラバラ、などが分析できました。

「漢字で名前が書ける」

　タロウくんの氏名は「5文字」の漢字を使用します。実際に名前を書いてみると、5文字中2文字の漢字が書けませんでした。作業療法士はPQRSを6点と評定しました。

　DPAでは、1）モチベーションは問題なし、2）活動の知識も問題なし、3）遂行能力に問題がありました。環境としては使い慣れた筆記用具を使用しているため、環境からの支援は十分であったと分析できます。しかし、タロウくんが書けなかった漢字の「倉」「郎」は、タロウくんにとって高い要求でした（学習指導要領の側面からも）。さらに、タロウくんの能力の低さも遂行に影響を与えていました。その能力として、a）漢字を覚えられない、が分析できました。

「ハサミ」

　△・□・○を切ってみました。大枠の形を切ることはできましたが、線に沿って切ることは難しい様子でした。作業療法士はPQRSを5点と評定しました。

　DPAでは、1）モチベーションは問題なし、2）活動の知識も問題なし、3）遂行能力に問題ありでした。環境としては使い慣れたハサミを使用し、活動も複雑な線を切ることを求められていないため、環境・活動からの支援は十分であったと分析できます。しかし、能力として、a）肘の位置づけが拙い、b）ハサミの固定性が低く不安定、などが分析できました。

	COPM						PQRS	
目　標	重要度	遂行度		満足度			介入前	介入後
		①介入前	②介入後	①介入前	②介入後			
縄跳び	10	3	10	3	10		2	10*2
漢字で名前が書ける	10	5	8	1	8		6	9*2
ハサミ	10	3	10	1	10		5	8*2

COPM
　　遂行の変化　＝　遂行スコア②9.3　－　遂行スコア①3.6　＝　5.7*1
　　満足の変化　＝　満足スコア②9.3　－　満足スコア①1.6　＝　7.7*1

＊1：COPMでは遂行度・満足度ともに“2点以上”向上すれば確実に変化したといえます
＊2：PQRSは“3点以上”の変化が目安になります

習 得 段 階

❶ 各目標に対するDSS

「縄跳び」

　縄跳びの動画を見ながら、タロウくんと作業療法士は作戦会議を進めました。タロウくんは、まずは腕の動きに着目し「脇をしめる作戦」を立てました。しかし、うまくいかなかったため「手首で回す作戦」に変更しました。それでも連続跳びの回数は増えませんでした。そのため、タロウくんと作業療法士は環境にも目を向けてみました。着地位置がバラバラであることを分析していたため、作業療法士が「同じ位置で跳ぶにはどんな工夫ができるかな？」と尋ねると、「何かしるしでもつけようかな!?」とタロウくんから提案があったため「床にテープでしるしをつける作戦」を用いました。しかし、それでも回数が増えることはありませんでした。そ

のため、作業療法士は"足の動き"に着目するように質問していきました。その結果、タロウくんが「足をくっつける作戦はどう!?」と作戦を発見し、「4回連続前回し跳びする」ことが可能となりました。

　足をくっつける作戦で好感触を掴んだため、宿題として「足をくっつける作戦を用いて自宅や学校で実施してみる」ことを設定しました。

「漢字で名前が書ける」

　「倉」と「郎」を覚えるにあたり、作業療法士は「この漢字は何に見える？」と質問していきました。そうすると、タロウくんは「倉」を、a）屋根、b）はらう"白"、c）くち、と見えることを発見しました。次に、「郎」をa）はねてとめる"白"、b）アルファベッドの"B"の変形バージョン、と見えることを発見しました。これらを口ずさみながら何度か書く練習を繰り返すと、タロウくんは自身の名前をすべて漢字で書けるようになりました（図1）。

　また、学校や自宅で名前を書く機会に、発見した作戦を用いて名前を漢字で書いてみることを宿題としました。

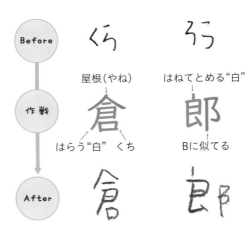

図1）書字に関するタロウくんの作戦と変化

「ハサミ」

　タロウくんと作業療法士は、ハサミの問題点として「線に沿って切ることができていない」と分析しました。作業療法士が「じゃあ、どんな作戦を使えばいいだろう？」と尋ねると「線をしっかり見る」とタロウくんは

答えました。線をしっかり見る作戦を用いることで、タロウくんは線に沿って切ることができるようになりました。

② ガイドされた発見・可能化の原理

作業療法士の質問を通してさまざまな作戦を発見し、タロウくんはスキルを習得していきました。習得したスキルは、学校や自宅でも用いることを宿題とし、般化や転移を促していきました。

目　標	DSS 分類	使用した DSS の例
縄跳び	1. カラダの位置づけ 2. 動きを感じる 3. 活動・環境の 　明確化／修正 4. カラダの位置づけ	1. 脇をしめる作戦 2. 手首で回す作戦 3. 床にテープでしるしをつける作戦 4. 足をくっつける作戦
漢字で 名前が 書ける	1. 手順の覚え方 2. 手順の覚え方	1. 倉＝a) 屋根、b) はらう "白"、c) くち 2. 郎＝a) はねてとめる "白"、b) "B" の変形
ハサミ	1. 実行への注意	1. 線をしっかり見る作戦

検証段階

縄跳びは「足をくっつける作戦」を用いて練習することで、1 回しか跳べなかったところから 68 回跳べるまでになりました（PQRS：1 →10）。途中経過で、

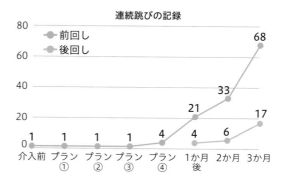

連続跳びの記録

33回から68回に急激に回数が増加することがありました。この際のやりとりとしては、「一度作戦を考えずに跳んでみる」ことを行いました。また、前回し跳びができるようになるとタロウくんは「後ろ回し跳びもチャレンジしたい」と言いました。前回し跳びの経験を活かしながら後ろ回し跳びも練習することで、みるみる上達し、スキルの転移が確認できました。

　漢字で名前を書くことは、1回の介入で書けるようになり、その後の夏休みの宿題すべてに漢字で名前を書くことができました（PQRS：6→9）。また、学校に戻ってからもそれは継続し、スキルの般化が確認できました。さらには、漢字を覚えることが好きになり、タロウくん自身で「漢字が得意」と言えるようにまでなりました。

　ハサミにおいても、1回の介入で上手に切ることができるようになり、そのスキルはその後も継続していることが確認できました（PQRS：5→8）（図2）。

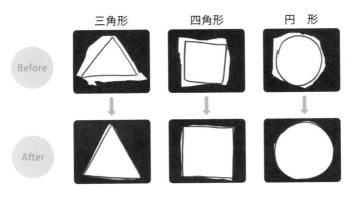

図2）タロウくんのハサミスキルの変化

ま と め

タロウくんのCO-OPでは、以下のポイントがあげられます。

❶ **運動学習の段階**：1つ目のポイントは、運動学習の段階です。特にその

重要性が現れた場面は縄跳びでした。連続前回し跳び回数が30回くらいで伸び悩んでいた際に、「一度作戦を考えずに跳んでみる」ことを行いました。運動学習の段階は①認知、②連合、③自動化、の順で進むとされています。そのため、練習初期は作戦を使用することが重要ですが（認知・連合）、最終的には考えなくてもできることをめざす必要があります（自動化）。自然にこの段階が進んでいくこともあれば、意図的に進めることが必要なこともあります。タロウくんの場合は、意図的に考えないようにすることが必要であったわけです。

❷ **大人にとって当たり前のことも子ども自身で発見することが大切**：2つ目のポイントは、大人にとって当たり前のことも子ども自身で発見することが大切であることです。特にハサミの場面がこのことを表しています。タロウくんが発見した作戦は「線をしっかり見る」でした。大人からすると当たり前すぎると感じられるのではないでしょうか。この当たり前のことを、大人が教えるのではなく「子どもが発見すること」が学習上とても重要なのです。

❸ **大人が教えることの限界**：3つ目のポイントは、大人が教えることの限界についてです。タロウくんは、漢字を彼の言葉で覚えていきました。はたして、とてもユニークなこの覚え方を教えられる大人はいるのでしょうか。もちろん、時に教えることも重要です。しかし、この覚え方で身についた事実がある以上、大人が子どもに教えることの限界点を念頭におく必要があると思います。

新体操が上手になりたい！

主人公：シノブちゃん（小学校 3 年生）

　シノブちゃんは小学校 3 年生の女の子です。小学校では通級による指導を受けています。発達性協調運動症と限局性学習症の診断を受けています。シノブちゃんは幼稚園の頃から"新体操"を習っていて、彼女にとって新体操はアイデンティティと言っていいものです。ただ、シノブちゃんは「鹿ジャンプと側転に課題がある」と思っていました。加えて、お母さんもシノブちゃんが小さい時から継続してきている新体操をとても大切にしており、上達して欲しいと思っていました。

　そのため、病院の小児リハビリテーション（頻度：約 1 か月に 1 回、約60分／回）でCO-OP アプローチを受けることになりました。

❶ COPM

　作業療法士は、COPMを用いてシノブちゃんとお母さんに面接を実施しました。作業療法士が「上手になりたいことは何かある？」と尋ねると、シノブちゃんは「新体操！」と答えました。シノブちゃんは、新体操の技である「鹿ジャンプ」と「側転」に苦手さを感じていて、上達したいと思っていることがわかりました。お母さんからも「左向きで側転することはできるんですが、右向きの側転がうまくいかないんです」と教えてくれました。さらに、学校生活の話をしていくと、「読み書き」も苦手さを感じていることがわかりました。

　そのため、①鹿ジャンプ（新体操）が上手になる、②側転（新体操）が上手になる、③書字（書き写し）が上達する、を目標としました。

❷ PQRS・DPA

「鹿ジャンプ（新体操）」

　まず、作業療法士は目標とする鹿ジャンプについてお母さんに動画を見せてもらいました。その上でシノブちゃんの鹿ジャンプを観察しました。鹿ジャンプ自体はできましたが、後方の足があまりあがっていないことと、着地時の体がフラフラする様子から、作業療法士はPQRSを7点と評定しました。

　DPAでは、1）モチベーションは問題なし、2）活動の知識も問題なし、3）遂行能力の問題がありました。環境や活動からの要求や支援は適切でした。しかし、能力として、a）後方の足が高くあげられない、b）着地時に踏ん張ることが難しい、などが分析できました。

「側転（新体操）」

　作業療法士は側転を観察しました。左向きの側転は遂行の質がとても高く全く問題はありませんでしたが、右向きの側転は、実行開始に戸惑いがあり、両手を床に着いた際に肘や体幹、下肢が屈曲し、着地時に体勢が崩れしゃがみ込むところが観察できました。そのため、作業療法士はPQRSを6点と評定しました。

　DPAでは、1）モチベーションは問題なし、2）活動の知識も問題なし、3）遂行能力の問題がありました。環境や活動からの要求や支援は適切でした。しかし、能力として、a）手を床に着いた際に肘・体幹・下肢を伸ばせない、b）着地時にフラついてしまう、などが分析できました。

「書字（書き写し）」

　書字は書き写し課題を実施しました。3分間で例文の書き写し文字（マス）数を測定する課題です。結果としては、「43字（14字／分）」という書字スピードでした。3年生の平均書字速度20.8±7.5字／分とされており、平均の範囲内ですが、途中多くの読み飛ばしがあり、シノブちゃんも納得のいくものではありませんでした。作業療法士はPQRSを6点と評定しました。

　DPAでは、1）モチベーションは問題なし、2）活動の知識も問題なし、3）遂行能力の問題がありました。環境としては適切な筆記用具を使用しましたが、読みやすい道具（例：リーディングルーラーなど）があれば環境からの支援がより高まると分析しました。活動からの要求として、課題の内容は3年生の難易度の例文であり遂行の結果からも要求が高すぎるとは分析しませんでした。しかし、例文の文字の大きさや色などでより支援が高まると分析しました。能力として、a）例文と記入用紙を行き来することで読み飛ばししてしまう、b）書き写し中に何度か停止してしまう、などが分析できました。

目　標	COPM						PQRS	
	重要度	遂行度		満足度			介入前	介入後
		①介入前	②介入後	①介入前	②介入後	介入前	介入後	

目　標	重要度	遂行度 ①介入前	遂行度 ②介入後	満足度 ①介入前	満足度 ②介入後	PQRS 介入前	PQRS 介入後
鹿ジャンプ（新体操）	7	4	10	4	10	7	10*2
側転（新体操）	7	3	10	3	10	6	10*2
書字（書き写し）	6	5	8	5	8	6	9*2

COPM

遂行の変化　＝　遂行スコア②9.3　－　遂行スコア①4.0　＝　5.3*1

満足の変化　＝　満足スコア②9.3　－　満足スコア①4.0　＝　5.3*1

＊1：COPMでは遂行度・満足度ともに"2点以上"向上すれば確実に変化したといえます

＊2：PQRSは"3点以上"の変化が目安になります

習得段階

❶ 各目標に対するDSS

「鹿ジャンプ（新体操）」

　シノブちゃんと作業療法士は、撮影した鹿ジャンプの動画を見ながら（一時停止なども活用）作戦会議を進めました。その結果、シノブちゃんは自ら「後ろ足を高くあげる作戦」を発見し使用しました。しかし、遂行の質が大きく変わることはありませんでした。そのため、再度作戦会議を開きました。そして、シノブちゃんが発見した作戦は「鹿になりきる！」でした…作戦を使用して試行してみたもののうまくいきませんでした。作業療法士が「足のどの部分の作戦を考えたほうがいいんだろう？」と尋ねると、シノブちゃんが「つま先を意識して伸ばすと綺麗になるかも！」と作戦を発見し、「つま先作戦」と名付け練習しました。そうすると、空中での姿勢がとても綺麗に足が伸び、着地も安定するようになりました。

「側転（新体操）」

　側転においてシノブちゃんは、左右反転することに戸惑いを見せていました。左向きの側転では手を「右→左」と着き、右向きの側転は「左→右」とつかなければいけません。そのため、作業療法士は「手はどのように着けばいんだろう？　右と左では着き方が違うの？」と尋ねました。床に手を着くことに焦点をあてて会話していくと「左右作戦（床に手を着く順番）」を使用してみることになりました。しかし、大幅な遂行の質の改善につながらず、再度作戦会議をすることになりました。作業療法士が「鹿ジャンプで使った作戦は側転にも使えないかな？」と尋ね、側転でも「つま先作戦」を使用することになりました。そうすると、床に手を着けた際の姿勢が伸び、着地もブレなくなっていったのです。

「書字（書き写し）」

　シノブちゃんと作業療法士は、読み飛ばしがあることを分析していました。そのため、読み飛ばしに対しての作戦を考え試行していきました。それは、文章を指でなぞる作戦、意味がわかる文字のかたまりごとにスラッシュ（／）を引く、蛍光ペンでマーカーを引く、リーディングルーラー（読みとばしや疲労を軽減するために開発された定規）を使用する、などです。どれも遂行の質があまり改善されず、何よりシノブちゃんにとってこれらのひと手間に「めんどくささ」を感じていました。作業療法士は、「文章を見るだけと声に出して読むのではどっちがいいかな？」と尋ね、一度試してみました。その結果、シノブちゃんは「声に出して読むことで読み飛ばしが減る」ことがわかりました。

❷ ガイドされた発見・可能化の原理

　鹿ジャンプ・側転に関しては、つま先作戦を体操クラブでも使用していくことにしました。また、書字の読み上げ作戦は自宅などで使用していく

こととし、学校で用いることも想定し、少しずつ声のボリュームを減らし、最終的には心の声にしていくことを共有しました。

　なにより、お母さんが「質問によって作戦を発見させる」ことの有用性をしっかりと認識し、ご家庭でも取り入れてくれました。

目　標	DSS分類	使用したDSSの例
鹿ジャンプ（新体操）	1. カラダの位置づけ 2. 動きのイメージ 3. 実行への注意	1. 後ろの足を高くあげる 2. 鹿になりきる作戦 3. つま先作戦（つま先を意識する）
側　転（新体操）	1. カラダの位置づけ 2. 実行への注意	1. 手のつく順番 2. つま先作戦（つま先を意識する）
書　字（書き写し）	1. 実行への注意 2. 活動・環境の明確化／修正 3. 活動・環境の明確化／修正 4. 活動・環境の明確化／修正 5. 実行への注意	1. 指でなぞる作戦 2. スラッシュ（／）作戦 3. マーカー作戦 4. リーディングルーラーの使用 5. 読み上げ作戦

検 証 段 階

　鹿ジャンプ・側転は、クラブでも作戦を用いて練習し、自身でも納得のいく演技ができるようになりました（鹿ジャンプPQRS：7→10、側転PQRS：6→10）。また、新体操の演技会において、自身の好きな演技を取り入れ披露する場面で、なんとシノブちゃんは「鹿ジャンプ」を取り入れ、見事成功させることができました。

　また書字は、「43字（14字／分）」という書字スピードから「60字（20字／分）」までスピードアップし、測定時に読み飛ばしはありませんでした（PQRS：6→9）。ここから、読み書きなどの学習面に自信をつけていき、学校のテストの点数も上がってきました。

シノブちゃんのCO-OPでは、以下のポイントがあげられます。

❶ **幅広い活動での使用**：1つ目のポイントは、幅広い活動での使用です。今回取り扱った活動は「新体操」です。作業療法士は新体操の経験がないため、当然のことながら専門的な知識はありませんでした。「鹿ジャンプ」という言葉もシノブちゃんに出会って初めて聞きました。しかし、子どもが作業遂行するという点においては、共通した枠組み（DPAで分析、作戦会議で作戦を発見、作戦を使用して練習など）で支援することが可能であり、それがCO-OPの強みでもあります。

❷ **成功した作戦を大切に！**：2つ目のポイントは、成功した作戦を大切にすることです。結局、鹿ジャンプと側転を成功に導いたのは「つま先作戦」という共通の作戦でした。やはり、作戦がうまくいった時は、遂行の問題を作戦によってカバーできていることであり、他の活動でも同じ現象が起きている可能性があるわけです。積極的に、作戦を使いまわしていくことにより、成功に近づけると同時に、スキルの転移を促すことにつながっていきます。

❸ **さまざまな視点で作戦を考えること**：3つ目のポイントは、さまざまな視点で作戦を考えることです。書字では、さまざまな作戦を試行しましたがあまりうまくいきませんでした。根底には、読み飛ばしに対して視覚的なサポートで補おうとしていたわけです。しかし、最終的に成功したのは聴覚的なサポートを軸とした作戦でした。弱みを補う作戦もあれば、強みを活かす作戦もあり、時には思い切った作戦を使用してみることもいいでしょう。さまざまな視点で作戦会議をしていければと思います。

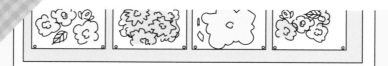

三角を描くのって難しい!?

主人公：カズアキくん（幼稚園年長）

　カズアキくんは幼稚園年長の男の子です。幼稚園では加配保育士がついています。注意欠陥・多動症の診断を受けています。家族構成は、カズアキくんと両親の3人暮らしです。通っていた幼稚園では、年長になると点結びや少しずつ文字を書く練習を始めます。ですが、カズアキくんは嫌がって取り組むことができませんでした。そもそも描画自体が苦手で、自由画も図形模写も苦手でした。実際に、フロスティッグ視知覚発達検査を実施すると、カズアキくんは視知覚の発達に遅れがあることがわかりました。また、お母さんは、就学に向けて文字を書けるようになってほしいと思っていました。そのため、自宅でも図形を描いたり、文字を書く練習をされていました。

カズアキくんは児童発達支援事業所（頻度：約2週間に1回、1回40分）で療育を受けており、その中で作業療法士からCO-OPを応用したアプローチを受けました。

フロスティッグ視知覚発達検査

	項目	介入前 5歳8か月	介入後 6歳2か月	フォローアップ 6歳8か月
視知覚機能	知覚指数	<63	90	115
	視覚と運動の協応	3歳0か月	5歳6か月	6歳2か月
	図形と素地	3歳8か月	5歳3か月	8歳2か月
	形の恒常性	2歳9か月	4歳11か月	8歳11か月
	空有間における位置	4歳7か月	5歳8か月	5歳8か月
	空間関係	4歳10か月	7歳3か月	7歳4か月

● フロスティッグ視知覚発達検査（DTVP）
　4歳0か月〜7歳11か月の子どもを対象に、視知覚の発達を測る評価法です。視覚と運動の協応、図形と素地、形の恒常生、空間における位置、空間関係の5つの検査項目からなります。

1. 模写と書字の関係性

　実践の前提となる子どもの書字に関する知識と合わせて、カズアキくんのCO-OPの応用的実践を紹介していきます。

　子どもの模写（図形を描き写す）は、書字習得

図1）模写が可能となる年齢

の予測因子の一つと考えられています。ビアリー（Beery）は、図1に示

す9つの図形を正確に模写することが可能になるまでは、書字を習得する準備ができていないと主張しています[1]。

　カズアキくんは、図形模写（9つに◇を加えています）において、「＋」で線画を交差させることができていないことや、「△」「◇」のように斜め線を模写することが難しかったです（図2）。「△」を描くことが難しいことについて、お母さんは知っていた様子であり、ご自宅で練習されているとのことでした。しかし、カズアキくんは苦手なところに練習のしすぎで、△を描くことがとても嫌になっていました。

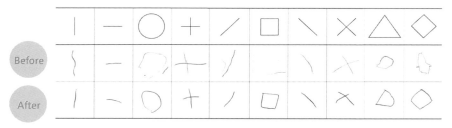

図2）カズアキくんの図形模写の変化

2．書き言葉を獲得するための描画

　子どもは1～2歳くらいになると初期のなぐり描きが始まり、その後言語を獲得し、2歳に近づくとなぐり描き以外の、形、線、弧が加わります。その後、徐々に表象的な描画ができるようになるとともに、書字を身につけていきます。ヴィゴツキーは、描画と遊びは書き言葉の発達における予備練習だと位置付けています[2]。カズアキくんの経過から、文字を書く練習をすることが難しいと判断できたこともあり、「描画で遊ぶ」ことから始めました。

　ただカズアキくんに描画をしてもらうだけでは、苦手なことをさせているだけですし、CO-OPのエッセンスが不十分です。作業療法士が着目したのは「スクィグル」です。

　スクィグルとは、イギリスに昔から伝わっている子どもたちの遊びで、ひとりが一筆書きで流れるような線を描き、もう一人がその線を別の形に変えることができます（図3）。そして、それを交互に行います。過去にスクィグルは、ウィニコット（小児科医・精神分析家）によって子どもの面接に使用されました。カズアキくんには、スクィグルをベースに、CO-OPのエッセンスを加えるために、「問い」と「強化」を意識した関わりを取りました。

　カズアキくんは、描くこと自体に抵抗感があったため、まずは作業療法

図3）スクィグル

士が目をつぶってランダムに描くところを見せました。次に、カズアキくんにも同じことを試してもらいアイスブレイクとしました。そして、作業療法士はカズアキくんがランダムに描いた絵をよく観察し「見えた！」と言って絵を付け加えていき、意味のある絵にしていきました。カズアキくんは「すごーい！　見える、見える！」と自身が描いた絵が変容していくのを楽しんでいました。

　そこから、作業療法士が「じゃぁこんな感じで交互に問題を出し合いっこするゲームをしよっか！」と提案し、スクィグルをスタートさせていきました。スクィグル中、作業療法士は「さて、これは何に見えるでしょう!?」などの問いかけと、カズアキくんが問題を出すたび・答えて絵を付け加えるたびによくよくほめて強化していきました。その結果、何ターンか繰り返すことができました。ルールもわかり軌道に乗ってきた時、作業療法士は意図的に「△」を描いてカズアキくんに「さて、何に見えるでしょう!?」と問題を出しました。すると、カズアキくんは「うーん…」と悩みながらも「わかった！　ポリンキー（お菓子の商品名）や！」と答え、絵を完成させました。作業療法士はその発見を存分にほめた後に、「カズアキくん

図４）カズアキくんが書いたポリンキー

もポリンキー描いてみてよ！」と提案したところ、なんとすんなり「△」が描けたのです（図4）。

スクィグルを繰り返し実施すると、形をとらえる力が育っていき、「描く・書く」ことへの抵抗感がなくなっていきました。幼稚園や家庭における書字練習も取り組めるようになり、小学校に就学するまでに自身の氏名をすべてひらがなで書けるまでに成長していきました。

ま　と　め

カズアキくんのCO-OPでは、以下のポイントがあげられます。

❶ **未就学児への対応**：1つ目のポイントは、未就学児への対応です。これまでの研究で、未就学児（幼稚園年長）に対するCO-OPの報告があり、未就学児も対象とすることが可能であると考えています。ただ、言葉を使用することがまだ難しい年齢のため、目標設定や作戦を引き出すことは容易ではありません。子どもの発達年齢にあった言葉で説明することや、視覚的なサポート（大人がやってみせてモデリングする、人形を使用して説明するなど）が必要になります。

❷ **苦手な活動に挑戦するために**：2つ目のポイントは、苦手な活動に挑戦するための工夫です。カズアキくんは未就学児に加えて描く・書くことが苦手でした。しかし、書けるようになることは家族のニーズでもあり、ライフステージを考えると取り組む必要がありました。今回は、スクィグルの特徴を活かすことにしました。その特徴とは「失敗がない」ということです。ランダムな線を見て、子どもが何かを見出し、書き加えたことが正解であり、そこに失敗はありません。

❸ **意味を付与する**：3つ目のポイントは、無意味なものに意味を付与することです。子どもの描画と命名（絵に名前をつける）の関係の発達において、a）描画後の命名、b）描画と同時に命名、c）描画前の命名、の順に育っていきます。ある種無意味なものに意味づけすることで象徴・概念化が進み、絵や形を描くことができるわけです。

　読み書きも「文字―音―意味」の関係性が重要で、今回カズアキくんはスクィグルを通じてそのプロセスを経験できたと考えられます。

〔引用文献〕

1）Beery KE, Beery NA: Beery-Buktenica Development Test of Visual-Motor Integration. NCS Pearson, 2010.

2）ヴィゴツキー（著）土井・神谷（訳）:「発達の最近接領域」の理論―教授・学習過程における子どもの発達. 三学出版, 2003.

3）D.W. ウィニコット（著）橋本・大矢（監訳）:新板 子どもの治療相談面接. 岩崎学術出版社, 2011.

Part **5**

Verbal Guidance

CO-OP
作戦
図鑑

　作戦は、子どもの数だけ無限にあります。しかし、いくつか分類することができ、本書では9つの分類を紹介しています。

　ポイントは、全ての分類に『言語的ガイダンス Verbal Guidance』が含まれることです。つまり、どの分類の作戦を使用するとしても「作戦を言葉にすること（声に出す・心の声）」を心がけてください。

活用方法

❶ 大人が使う

　子どもの遂行分析だけでは、促すべき作戦が思いつかない時に活用します。具体的に書かれている作戦を覚えるというよりも、作戦の分類イメージやヒントを得るようにしてください。見落としている視点に気づけるかもしれません。

❷ 子どもが使う

　子ども自身で、作戦を考えるヒントがほしい時に活用します。これから取り組む活動の準備としてもいいですし、行き詰まった時に眺めるのもいいです。場合によっては、友達同士でワイワイ作戦会議するのもよいかもしれません。

　ただ、最終的には『自分オリジナルの作戦』を発見することが大切であることを、忘れないようにしましょう。

Plan 1 カラダの位置づけ

活動全体または部分的に関連する、カラダの位置や動き
をガイドする作戦

カラダの位置づけが「近すぎ」「遠すぎ」「ものに対し
て不適切」などによって活動が困難な場合、カラダの
位置づけに関する作戦の発見を促してみましょう！

例：〈作戦〉足ピタ作戦の場合

　「縄跳びで縄が足にひっかかってしまう」時に、足をくっつける作戦を発
見した子どもがいました。足をくっつけることにより、両足の動きがそろい、
足の動きがより感じられるようになったことで縄跳びができるようになりま
した。

失　敗

足の位置は
どうなってる？

成　功

ジャンプ時に足がバラバラで縄跳
びが引っかかる

両足をくっつけることで上手に縄
跳びが跳べる

作戦の例

① 脇しめ作戦

目標 ハサミを上手に扱える

DPA ハサミを操作する側の肘の位置がとても不安定

質問
- 腕の位置はどうなっている？
- 脇をあける、脇をしめる、どっちが（ハサミで）切りやすい？

作戦 **脇しめ作戦**
腕を体につけることにより肩・肘を安定させ、手先の操作性を向上させる。

---

② 腕ピーン作戦

目標 跳び箱（5段）が跳べる

DPA 跳び箱に手を着いた際に、肘が曲がってしまう。

質問
- 手を着いた時の腕はどうなっているかなぁ？
- 肘を伸ばすためにはどんな作戦がいいだろう？

作戦 **腕ピーン作戦**
肘を伸ばすことにより跳び箱をしっかり押す。

---

③ 真ん中キャッチ作戦

目標 キャッチボール（野球）ができるようになる

DPA 捕球時に、体の真ん中で捕球できていない（ボールを避けながら捕球する）。

質問
- ボールを捕る時、ボールに対して体はどこにある？
- 体のどのあたりで捕れば取りやすい？ 右？ 左？ 真ん中？

作戦 **真ん中キャッチ作戦**
捕球位置を意識することにより、ボールが見やすく、捕球動作も安定させる。

---

④ 助っ人作戦

目標 こぼさずご飯を食べる

DPA 左手（非利き手）で食器を押さえない。

質問
- ご飯を食べている時、左手はどこにある？
- 食器が動かない方法はあるかなぁ？

作戦 **助っ人作戦**
食器を支えることにより、右手（利き手）を使いやすくする。

Plan 2 実行への注意

活動の実行（動き）に注意を向ける作戦

「注意がそれている」「重要なポイントに注意を向けられていない」などによって活動が困難な場合、実行への注意に関する作戦の発見を促してみましょう！

> 例：〈作戦〉しっかり見る作戦の場合

　「ドッジボールの捕球が難しい」時に、ボールをしっかり見る作戦を発見した子どもがいました。ボールに対して注意を向け続けることで、捕球することができるようになりました。

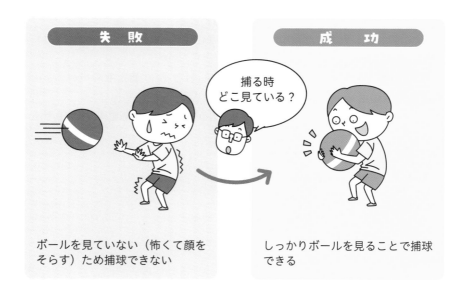

失敗

ボールを見ていない（怖くて顔をそらす）ため捕球できない

捕る時どこ見ている？

成功

しっかりボールを見ることで捕球できる

作戦の例

① しっかり見る作戦

目標 しっかり見る作戦

DPA 切っている最中に切り取り線を見ていない、視線がそれる。

質問 • 切っている時はどこを見ている？

• どこを見ると切りやすい？ 切り取り線？ はさみ？

作戦 しっかり見る作戦

腕を体につけることにより肩・肘を安定させ、手先の操作性を向上させる。

② 前を見る作戦

目標 自転車に乗れる

DPA 手元や足元ばかりに目がいき、進行方向を見ていない。

質問 • 自転車の傾きに注意するにはどうすればいいだろう？

• 自転車に乗っている時はどこを見たらいい？

作戦 前を見る作戦

前を見ることで自転車の傾きを理解する。

③ 小指作戦

目標 リコーダーを吹けるようになる

DPA リコーダーの穴と指がズレてしまう（特に小指）。

質問 • キレイな音を出すにはどうすればいい？

• どの穴が押さえにくいんだろう？

作戦 小指作戦

リコーダーの穴を他の指より押さえづらい小指の動きに注意することにより
ミスを減らす。

④ 縄の音作戦

目標 大縄跳びが跳べる

DPA 大縄跳びに入るタイミングがつかめない。

質問 • どのタイミングで大縄に入ればいい？

• 入るタイミングの目印はあるかな？

作戦 縄の音作戦

縄が地面に当たる音をよく聞き、縄に入るタイミングを測る。

Plan 3 動きを感じる

活動の完了に必要な特定の動きを感じる作戦

「重要な動きができない」「動きがバラバラ」などによって活動が困難な場合、動きを感じるに関する作戦の発見を促してみましょう！

例：〈作戦〉腕の動きを感じる作戦の場合

　「文字を書くことが難しい」時に、腕の動きを感じながら書く作戦を発見した子どもがいました。腕の動きを感じ・覚えることで、文字を上手に書くことができるようになりました。

失敗　　　成功

腕は
どう動いてる？

腕の動きが不安定で文字がうまく
書けない

腕の動きを感じながら書くことで
文字がうまく書ける

① 空中文字作戦

目標 漢字を覚える

DPA 見本の文字を見るだけでは、書き方がわからない。

質問 • 他にいい覚え方はある？

• この漢字は手をどのように動かすんだろう？

作戦 空中文字作戦

空中で大きな文字を書くことで、運動から書き方をとらえる。

② 押し・消す作戦

目標 紙を破らず消しゴムを使える

DPA 腕を大きく動かして消す。どんどん力を入れて消す。

質問 • 消す時の腕の動きはどうなっている？

• やさしく消すにはどうすればいいだろう？

作戦 押し・消す作戦

一度消しゴムで紙を少し押してから消していくことで、消しゴムの抵抗を感じることと、徐々に力を抜いていく。

③ ボタン穴作戦

目標 首元のボタンが留められる

DPA 見えない場所（首元）のボタン穴が見つけづらく、注意がそれてしまう。

質問 • 指の感覚でボタン穴を探せるかな？

• 穴にボタンを入れられた時、指はどんな動きだった？

作戦 ボタン穴作戦

見えない場所の動きに対して、より動きを感じることに注意を向ける。

④ お箸トントン作戦

目標 お箸を上手に使用できる

DPA 箸先を開くことが難しい。お箸が徐々にズレる。

質問 • どの指で、お箸を動かしている？

• お箸が握りづらい時どうすればいい？

作戦 お箸トントン作戦

お箸が動かしづらくなった際に、箸先をそろえることで、箸先の感覚・指の感覚を再認識する。

人 → 活 動 → 環 境

動きのイメージ

特定の動きを心（頭）の中で再生する作戦

「どのように行えばよいかわからない」など、運動イメージが難しいことによって活動が困難な場合、**動きのイメージ**に関する作戦の発見を促してみましょう！

例：〈作戦〉アルマジロ作戦の場合

「逆上がりができない」時に、アルマジロをイメージして体を丸める作戦を発見した子どもがいました。自身のイメージしやすいものを用いて運動に取り組むことで、逆上がりができるようになりました。

体を丸めることができず逆上がりができない

アルマジロをイメージすることで体が丸まり、逆上がりができた

作戦の例

① ヒーロー作戦

目標 **逆上がりができる**

DPA 逆上がりの際に、肘が伸びてしまい、鉄棒に体を引き寄せられない。

質問 • 鉄棒の際に肘は伸びてる？ 曲がってる？
   • 肘を曲げるにはどうすればいい？ 作戦名はどうしよう？

作戦 **ヒーロー作戦**
   自身が好きな人物のポーズをイメージすることで、肘を曲げる動作を引き出す。

② うさぎ作戦

目標 **縄跳びの連続跳びができる**

DPA 縄跳びの際に、連続してジャンプすることができない（止まってしまう）。

質問 • 連続ジャンプするにはどうすればいいだろう？
   • ジャンプでイメージできるものはあるかな？

作戦 **うさぎ作戦**
   うさぎから連続ジャンプの運動イメージを引き出す。

③ ボール作戦

目標 **マット運動：前回りができる**

DPA 体を丸めることができず、マットに背中を打ち付けてしまう。

質問 • 回る時、体はどうなってる？
   • 丸めるためにはどうすればいいだろう？

作戦 **ボール作戦**
   ボールが転がるイメージをもつことで、前回り時に体を丸める。

④ ゆび三兄弟作戦

目標 **お箸が使える**

DPA 親指・人さし指の側腹で強くお箸を握り込んでしまう。

質問 • 先生のお箸の持ち方と〇〇ちゃんの持ち方はどこが違う？
   • どの指で動かしている？

作戦 **ゆび三兄弟作戦**
   三指（親指・人さし指・中指）を三兄弟とみたてて上箸を動かすことで、
   運動イメージを持つ。

人 → 活 動 → 環 境

Plan 5 動きの覚え方

動きや活動の要素に名前をつけることで記憶する作戦

「動きや活動の要素がなかなか覚えられない」などによって活動が困難な場合、動きや活動の要素の覚え方に関する作戦の発見を促してみましょう！

> ### 例：〈作戦〉みぎ・ひだり作戦の場合

　「自転車のペダルをうまくこげない」時に、左右のペダルをリズムよく動かす作戦を発見した子どもがいました。みぎ・ひだりと口ずさむことで、自転車に乗れるようになりました。

自転車のペダルをうまくこぐことができない

「みぎ・ひだり」と口ずさむことで自転車に乗れた

作戦の例

① 似たもの作戦

目標 **漢字が覚えられる**

DPA 新しい漢字を覚えることが難しく、忘れやすい。

質問 • この漢字のいい覚え方はあるかな？

• この漢字に似た文字はあるかな？

作戦 **似たもの作戦**

すでに知っている文字と関連づけて覚えることで、記憶しやすくする。

例）「世」はひらがなの「せ」の進化バージョン

② 連想作戦

目標 **文字を覚えることが難しい**

DPA 新しい漢字を覚えることが難しく、忘れやすい。

質問 • この字のここの部分は何に見える？

• この字のここの部分と似ているものはあるかなぁ？

作戦 **連想作戦**

無意味な形に意味づけをすることにより、記憶しやすくする。

例）「あ」の三画目を「魚の形」に見立てて覚える

③ ぐるぐる作戦

目標 **縄跳びができる**

DPA 肩を中心とした動きで縄を回しているため、回すスピードが遅い。

質問 • 縄はどうやって回している？

• 縄を手首で回す動きに、名前をつけてみよう！

作戦 **ぐるぐる作戦**

オノマトペで動きを言語化することで、重要な動きを意識づける。

④ お助けハンド作戦

目標 **こぼさず食事ができる**

DPA スプーン操作がぎこちないことに加え、食器把持をしないため食べこぼす。

質問 • なにか右手（利き手）を助けてあげる方法はある？

• 左手（非利き手）はどうすればいい？

作戦 **お助けハンド作戦**

左手で食器を押さえ、右手を助けることを意識づける。

Plan 6 手順の覚え方

手順をガイドするために言葉で手順を口にする作戦

手順・工程がある活動において、「手順が覚えづらい」「手順を覚えてもすぐに忘れてしまう」などによって活動が困難な場合、手順の覚え方に関する作戦の発見を促してみましょう！

> 例：〈作戦〉靴ひも（蝶々結び）作戦の場合

　「靴ひも（蝶々結び）が結べない」時に、「①左の羽、②ぐるっと回して、③穴に通す」という手順の覚え方の作戦を発見した子どもがいました。覚え方を自分の言葉でつくることにより、記憶が定着し、靴ひも（蝶々結び）が結べるようになりました。

失敗

靴ひもの結び方（蝶々結び）が覚えられず、結べない

どんな順番で結ぶのかな？

成功

1. 左の羽　3. 穴に通す

「①左の羽、②ぐるっと回して、③穴に通す」と手順を口ずさむことで、靴ひもが結べた

① バスケットボール（シュート）

目標 バスケットボールのシュートができるようになる

DPA シュートフォームにばらつきがあり、ボールの軌道が安定しない。

質問 ・一度、手本を見てみよう！ どのようにシュートしている？
　　　・シュートフォームをどのように覚えよう？

作戦 **1. 沈む、2. ジャンプ、3. シュート**
運動の順序（シークエンス）を言語化し、手順を定着させる。

---

② ひらがなを覚える

目標 ひらがなの書き方を覚える

DPA 書き順がバラバラであるため、間違えることがある。

質問 ・こうやって書くんだよ！ どんな順番だった？
　　　・この順番はどうやって覚えよう？

作戦 **き→ 1. よこ、2. よこ、3. たて、4. した**
運動（運筆）方向を言語化し、書き順を定着させる。

---

③ 跳び箱を跳ぶ

目標 跳び箱を跳べるようになる

DPA 跳び箱の近くまで助走するが、踏み切り以降の動作ができない。

質問 ・助走した後は「1. 踏み切り、2. 手をつく、3. 着地」があるみたいだよ。
　　　なにかいい覚え方はないかなぁ？

作戦 **1. タン（踏み切り）、2. パッ（手をつく）、3. トン（着地）**
オノマトペで運動の順序（シークエンス）を言語化し、把握する。

---

④ 逆上がり

目標 鉄棒で逆上がりができる

DPA 逆上がり動作がバラバラで、動作がうまくできない。

質問 ・逆上がりは、鉄棒におへそをくっつけてから回るのがいいみたい！
　　　なにかいいかけ声はないかなぁ？

作戦 **1. へそ（鉄棒におへそをくっつける）、2. クルン（体を回転させる）**
オノマトペで運動の順序（シークエンス）を言語化し、意識づける。

Plan 7

リラックス

落ち着くことや力まない状態にする作戦

「動きが硬い」「緊張している」などによって活動が困難な場合、リラックスに関する作戦の発見を促してみましょう！

例：〈作戦〉ぱぁ〜作戦の場合

　「ハサミを握り込んでしまう」時に、ぱぁ〜と言葉にすることでチカラを抜く作戦を発見した子どもがいました。チカラが抜けるとハサミの刃を開けるだけでなく、腕の余分なチカラも抜け、上手にハサミを使えるようになりました。

失敗

チカラ加減はどうかな？

グニャ

チカラを入れすぎていて、ハサミの開閉がうまくできない（紙を切れない）

成功

リラックス

チカラを抜くことで、ハサミの刃がスムーズに開き、うまく切れた

作戦の例

① リラックスして滑る作戦

目標 スケートボードに乗れる

DPA 体が固く、腰が引けるため、バランスがとれない。

質問 • うまく乗れるためにはどうすればいいかな？

• チカラを入れている時、チカラを抜いている時、どっちが滑れている？

作戦 **リラックスして滑る作戦**

全身のチカラを抜くことで、柔軟な動きを引き出す。

---

② 深呼吸作戦

目標 **友達と楽しく遊ぶ**

DPA 思い通りにいかないと、すぐに怒ってしまう。

質問 • 怒ると友達はどう思うだろう？

• 怒らないようにするにはどうしたらいいだろう？

作戦 **深呼吸作戦**

イライラしたときは呼吸に意識を集中することで気持ちを落ち着かせる。

---

③ 手首のチカラを抜く作戦

目標 **野球ボールをキャッチする**

DPA 捕球時に手首や腕の動きが固く、ボールを弾いてしまう。

質問 • 捕球の時の手や腕の力加減はどう？ 強い？ 弱い？

• どこのチカラを抜けば楽に捕球できるだろう？

作戦 **手首のチカラを抜く作戦**

手首のチカラを抜くことで、ボールと手の衝撃を吸収する。

---

④ 動いて休む作戦

目標 **宿題に集中する**

DPA 机上で宿題をすると、すぐに注意がそれ、疲労も感じやすい。

質問 • 集中しやすい方法はなにがあるだろう？

• じっとしている・動く、どっちが楽かなぁ？

作戦 **動いて休む作戦**

体を動かし発散したあと、宿題に取り組むことで集中しやすくする。

人 — 活動 — 環境

Plan 8 知識の補足

活動の情報を言葉にすることや、その情報の取得方法に
関する作戦

活動の知識が不足しているため、「遂行が始められない」
「目標・計画・確認を特定することができない」場合、
知識の補足に関する作戦の発見を促してみましょう！

例：〈作戦〉 動画で調べる作戦の場合

「折り紙の折り方がわからない」時に、動画で折り方を調べる作戦を発見
した子どもがいました。不足している知識を補う方法を発見することで、折
り紙をさまざまな形に折ることができるようになりました。

失敗

どうすれば
折り方がわかる？

折り方がわからず、紙飛行機が折
れない

成功

動画で作り方を調べることで紙飛
行機が折れた

作戦の知識の補足が有効となる遂行の問題例

知識の補足は、活動の知識が不十分なため、遂行が開始できない場面や、具体的な目標・計画（作戦）・確認ができない際に効果的です。

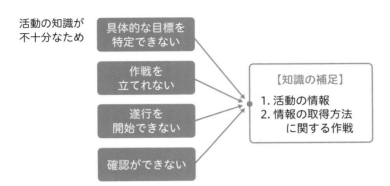

作戦の例

① 動画のお手本作戦

目標 **お化粧ができるようになる**

DPA お化粧の知識が不足しているため、遂行ができない。

質問 • どこから情報を入手できるかな？

• どの情報がわかりやすいだろう？

作戦 **「動画のお手本作戦」**

動画サイトから好みの化粧方法を検索し、手本とする。

---

② 10 借りる作戦

目標 **引き算をひっ算でできる**

DPA 繰り下がりの際に 10 の位から 10 借りてくることを忘れてしまう。

質問 • 下の数字のほうが小さい時はどうするんだった？

• 忘れないように、作戦の名前を何にしよう？

作戦 **10 借りる作戦**

繰り下がりの引き算における特定の情報に名前をつけ想起できるようにする。

Plan 9

活動・環境の明確化／修正

活動を遂行しやすくするために、活動をわかりやすくまたは調整する作戦

「活動の難易度が子どもにあっていない」「環境からのサポートが不足している」など、活動・環境に関する問題を観察・分析することがあります。その際は、活動・環境の明確化／修正の作戦の発見を促してみましょう！

例：〈作戦〉定規読み作戦の場合

　「本を読むのが難しい（読み飛ばしがある）」時に、定規を用いて読む作戦を発見した子どもがいました。定規を使って不要な文字を隠すことにより、スムーズに読むことができるようになりました。

本読みで、うまく字が読めない（読み飛ばし）

定規を用いることで、読み飛ばすことなく本が読めた

活動・環境の明確化／修正のために

ジェンタイル（Gentile）[1]は、遂行の複雑度を4つの側面からまとめました。活動・環境の明確化／修正の作戦を導くために参考にしてください。

● 体の位置づけ：座るなど安定しているほど遂行の難易度が低く、移動を伴うほど遂行の難易度が高い。
● 物の操作：物の操作が少ないほど難易度が低く、物の操作が多いほど難易度が高い。
● 課題の構造：工程が少ないほど難易度が低く、工程が増える（順序がある）、繰返しがあるほど難易度が高くなる。
● 環境：環境が静的（例：周囲に人がいない等）であるほど難易度が低く、動的（例：周囲に人がいる等）、変動があるほど難易度が高くなる。

遂行の複雑度モデル	複雑度		
	低		高
体の位置づけ	安定		移動
物の操作	ない		ある
課題の構造	分離	系列	連続
環境	静的	動的	変動

（文献より引用改変）

作戦の例

① 目標変更

目標 縄跳び：20回連続跳びができる

DPA 2回しか跳ぶことができず、子どもに対する目標（活動）からの要求が高い。

質問 ● やり方を変える？ 縄を変える？ それとも、跳ぶ回数を変えてみる？
● 今日の目標として何回くらい跳べそう？

作戦 **目標変更**
目標を変更することで、活動からの要求を下げる。

② しるしをつける

目標 鍵盤ハーモニカが弾ける

DPA 出したい音の鍵盤の位置を忘れてしまう。

質問 ● 鍵盤を引きやすくするための工夫はあるかな？
● シールでしるしをつけてみる!? どんなシールがいいかな？

作戦 **しるしをつける**
ドの音の鍵盤にシールを貼ることで指の位置がわかるようにする。

〔引用文献〕 1）Polatajko HJ, Mandich A: Enabling occupation in children: The Cognitive Orientation to daily Occupational Performance (CO-OP) approach. ON: CAOT Publications ACE, Ottawa, 2004.

著者 PROFILE

塩津裕康（しおづ ひろやす）
中部大学 生命健康科学部作業療法学科　講師
1985年三重県生まれ。2008年に作業療法士免許取得後、2015年に川崎医療福祉大学
大学院医療技術学研究科にて博士（リハビリテーション学）を取得。日本人で初めて
International Cognitive Approaches Network（ICAN）から認定を受け、2020年に認定
CO-OPセラピスト、2022年に認定CO-OPインストラクターとなった。
監訳書に『こどもの「できた！」を支援するCO-OPアプローチ─認知ストラテジーを用
いた作業遂行の問題解決法』（金子書房、2023）。『子どもと作業中心の実践OCP─作業療
法ガイドブック』（クリエイツかもがわ、2023）などがある。

●編集アドバイザー
　特定非営利活動法人はびりす

子どもと作戦会議 CO-OPアプローチ™入門

2021年10月31日　初版発行
2024年 8 月10日　第3刷発行

著　者●ⓒ塩津裕康
発行者●田島英二　info@creates-k.co.jp
発行所●株式会社 クリエイツかもがわ
　　　　〒601-8382 京都市南区吉祥院石原上川原町21
　　　　電話 075（661）5741　FAX 075（693）6605
　　　　http://www.creates-k.co.jp
　　　　郵便振替　00990-7-150584
イラスト●ホンマヨウヘイ
デザイン●菅田　亮
印 刷 所●モリモト印刷株式会社
ISBN978-4-86342-314-5 C0037　printed in japan

子どもと作業中心の実践 OCP 作業療法ガイドブック

シルビア・ロジャー、アン・ケネディ・バー／編　塩津裕康・三浦正樹／監訳・訳

子どもと OCP の教育・実践をサポートする 唯一の作業療法テキスト―最新の作業療法理論と研究に根ざした、エビデンスに基づく作業療法実践をガイド。子どもや家族の人生に貢献したいと願う全ての作業療法士・作業療法を学ぶ人に必読の書！　4950円

運動の不器用さがある子どもへのアプローチ

作業療法士が考える DCD（発達性協調運動症）　　　　　　　　　　東恩納拓也／著

運動の苦手な子どもたちがもっと楽しく生活できるように。運動の不器用さがあることは、障害や問題ではありません。DCD（発達性協調運動症）の基本的な知識から不器用さの捉え方、アプローチの流れとポイント、個別と集団の実践事例。　2200円

「届けたい教育」をみんなに　続・学校に作業療法を

仲間知穂・こどもセンターゆいまわる／編著

「届けたい教育」に焦点を当てた取り組みで、安心して協働する親と先生、自らの学びに参加する子どもたち。人々の生活を健やかで幸せにする―沖縄発「学校作業療法」が日本の教育を変える！　3080円

学校に作業療法を

「届けたい教育」でつなぐ学校・家庭・地域

仲間知穂・こども相談支援センターゆいまわる／編著

作業療法士・先生・保護者がチームで「子どもに届けたい教育」を話し合い、協働することで、子どもたちが元気になり、教室、学校が変わる。　2420円

こどもと家族が人生を描く発達の地図

山口清明・北島静香・特定非営利活動法人はびりす／著

理想的な家族像にとらわれた家族の悩みはつきない。多くの発達相談を受けてきた作業療法士がつくりあげた『発達の地図』。3つの道具と9つの質問で自分と対話し、1枚の「地図」を描くだけで、こどもと家族の未来は希望に輝く！　2970円

みんなでつなぐ読み書き支援プログラム

フローチャートで分析、子どもに応じたオーダーメイドの支援

井川典克／監修　高畑脩平、奥津光佳、萩原広道／編著

くり返し学習、点つなぎ、なぞり書きでいいの？　一人ひとりの支援とは？　読み書きの難しさをアセスメントし、子どもの強みを活かすオーダーメイドのプログラム。教育現場での学習支援を想定、理論を体系化、支援・指導につながる工夫が満載。　2420円

いちばんはじまりの本　赤ちゃんをむかえる前から読む発達のレシピ

井川典克／監修　大村祥恵、町村純子、特定非営利活動法人はびりす／編著

助産師・保健師・作業療法士・理学療法士・言語聴覚士・保育士・医師・市長・市議会議員・家族の立場、みんなで描く“こどもがまんなかの子育て”。胎児期から学童期までのよくある相談を見開き Q&A で紹介！　2200円

子ども理解からはじめる感覚統合遊び
保育者と作業療法士のコラボレーション
加藤寿宏／監修　高畑脩平・萩原広道・田中佳子・大久保めぐみ／編著

保育者と作業療法士がコラボして、保育・教育現場で見られる子どもの気になる行動を、感覚統合のトラブルの視点から10タイプに分類。その行動の理由を理解、支援の方向性を考え、集団遊びや設定を紹介。　　　　　　　　　　　　1980円

乳幼児期の感覚統合遊び
保育士と作業療法士のコラボレーション
加藤寿宏／監修　高畑脩平・田中佳子・大久保めぐみ／編著

「ボール遊び禁止」「木登り禁止」など遊び環境の変化で、年齢別の身体を使った遊びの機会が少なくなったなか、保育士と作業療法士の感覚統合遊びで、子どもたちに育んでほしい力をつける。　　　　　　　　　　　　　　　　　　1760円

地域作業療法ガイドブック　子ども編
小林隆司／監修　佐々木将芳・糸山智栄・藤崎咲子・田中雅美／編著

「学童保育×作業療法士」から始まった地域連携のムーブメント！ いまや保育所・幼稚園、特別支援教育だけでなく通常学校、放課後等デイサービス…豊富な実践事例をガイドに、あなたも「地域作業療法×多職種連携」に取り組もう!!　　　　　　　2640円

学童期の感覚統合遊び　学童保育と作業療法士のコラボレーション
太田篤志／監修　森川芳彦×角野いずみ・豊島真弓×鍋倉功・松村エリ×山本隆／編著

画期的な学童保育指導員と作業療法士のコラボ！
指導員が2ページ見開きで普段の遊びを紹介×作業療法士が2ページ見開きで感覚統合の視点で分析。子どもたちに育んでほしい力をつける！　　　　　　2200円

「学童保育×作業療法」コンサルテーション入門
地域に出よう！ 作業療法士
小林隆司／監修 八重樫貴之・佐藤葉子・糸山智栄／編著

子どもの特性、環境、友だち、支援者の関わりをコンサル20事例で学ぶ。
子ども理解と放課後の生活、作業療法コンサル理論入門と実際。これであなたも地域で活躍できる！　　　　　　　　　　　　　　　　　　　　2420円

実践！ ムーブメント教育・療法
楽しく動いて、からだ・あたま・こころを育てる
小林芳文／監修　阿部美穂子／編著　NPO法人日本ムーブメント教育・療法協会／著

インクルーシブな活動として、保育・教育、特別支援、障害者・高齢者福祉で取り入れられ活用！ 楽しく体を動かして、主体的に環境にかかわり、感覚・知覚・精神運動の力を育み、自己有能感と生きる喜びを獲得する。　　　　　　　　　　　　　2200円

あたし研究　　自閉症スペクトラム～小道モコの場合　1980円
あたし研究2　　自閉症スペクトラム～小道モコの場合　2200円
小道モコ／文・絵

自閉症スペクトラムの当事者が「ありのままにその人らしく生きられる」社会を願って語りだす―知れば知るほど私の世界はおもしろいし、理解と工夫ヒトツでのびのびと自分らしく歩いていける！